株式会社映画24区代表
三谷一夫 著

俳優の教科書

撮影現場に行く前に鍛えておきたいこと

PART. 2

脚本を深く読み解く

PART.
3

映画からじっくり学ぶ

PART.
4

オーディションを戦略的に勝ち抜く

PART.
5

俳優として長く生きていくために

はじめに

「どうすれば演技が上手くなりますか？」

「どこか所属できそうな芸能事務所を紹介してもらえませんか？」

「オーディションに合格できる方法を教えてください」

「撮影現場に呼ばれたのですが何をすればいいかわからず不安です」


若い俳優の皆さんから、そんな相談をよく受けます。「一度自分で考えてごらん」という言葉が出かかりますが、彼らの迷いがわからないでもないのです。なぜなら俳優として習得すべき技術やそれを学ぶための体系だったカリキュラムや、芸能の仕事に就きたい人なら必ず勉強しておかなければならない業界の仕組みやルールなどを教えてくれる学校や本が、現在の日本には存在していないからです。

そのため、日本で俳優を目指す人たちの大半は右も左もわからないまま、なんとなく東京に出てきたり、とりあえず巷の芸能事務所に登録してみたりと、本来真っ先に取り組むべきことを疎かにしたまま、無為な時間を過ごすばかりです。

「俳優の仕事は人に教わるものではない」という先人もたくさんいます。しかし、本当にそうでしょうか？　世界レベルの俳優を多く輩出している欧米諸国やアジアトップクラスの韓国や中国では、数多くの演技を教える学校や施設があり、若者たちはそこで専門的な訓練を受け、プロの俳優として映像や演劇の世界に飛び出していきます。彼らは理論と実践に裏打ちされた演技力を長い訓練と弛まぬ努力の中で培ってきたからこそ、映画や演劇などのジャンルや、国籍を問わず、俳優という仕事に誇りを持って活動し続けることができるのです。

対して、日本の俳優は演技技術や訓練よりも、持って生まれた能力や感性、運といった形のないものにすがる傾向があります。さらに都合のいいことに、自分の中に埋もれている根拠のない可能性を、いつの日か誰かが見つけて引き出してくれると本気で思い込んでいたりします。確かに表現を伴う俳優という仕事には、豊かな感性が求められます。しかし、その大部分は相応の訓練を積み重ねた結果として醸成され、研ぎ澄まされていくものだと私は思います。

2016年のリオ五輪で日本は過去最高の41個のメダルを獲得しました。半世紀前の日本では考えられないことです。世界で戦うには選手の感性と根性だけでは限界と判断した日本スポーツ界は、理論と実践に裏打ちされた身体科学の研究や戦術の強化に力を注いできました。今回の五輪はその蓄積された知識や技術の習得に、選手・コーチが一丸となって取り組んできた成果だと言っても過言ではないと思います。

スポーツと芸能は違いますが、どちらも高度な技術が必要とされる世界であることは間違いありません。俳優とは技術職です。私はいろいろな場所でそう言い続けています。技術職だからこそ、俳優を本気で仕事にしたい人たちには、業界や映画に関する正しい知識を教え、演者としての技術を磨き続けていける環境を用意してあげる必要があると考えています。

そんな思いから、私は映画をつくる一方で、映画に強い俳優を育てる学校を10年前に、映画監督たちと始めました。学校と言っても小規模なものですが日本のトップクラス、そして世界で勝負できる俳優を輩出できるカリキュラムだと自負しています。その授業内容を少しでも多くの人に実感してもらいたいと思い、映画監督それぞれの俳優に対するアプローチや芝居に対する考え方を1冊にまとめたのが前作『俳優の演技訓練　映画監督は現場で何を教えるか』（2013年、フィルムアート社）でした。

本の出版後、特に若い俳優や俳優志望者たち、子役の親御さんから大きな反響がありました。やはり今の日本では、世界で戦える俳優を鍛えられる人材と場所が圧倒的に足りないのだと再確認させられました。

一方で、まだ演技経験の浅い俳優たちからは、1冊の本の中で、監督たちの指導内容が多岐にわたっているので、高度な解釈や経験がないと混乱してしまうという声も多く寄せられました。まだ俳優としての基盤がない彼らにとっては、監督個々の演技理論よりも、もっと手前の段階にある俳優としての基礎スキルの習得が必要ではないか？　そんな反省から、今度はよりわかりやすく、俳優たちがすぐに行動に移せるような内容に特化した本を作りたいと思い、前作を担当した同じ編集者とともに、再び本の執筆を始めました。

この本の内容を最初に説明しておきます。PART1は、大前提として、俳優も「ものづくり」の一員であるという意識をしっかりと持っていただくための章です。

私が若い俳優たちによく話す例えなのですが、プロ野球のチーム運営に関わる人は、プレイヤーでなくとも野球のルールや各々の役割分担について当然のごとくよく知っています。映画づくりも同じです。プロの映画人は本来映画の知識や制作工程を誰よりもわかっていないとダメなのですが、プレイヤーである俳優自身が一番あいまいだったりします。撮影過程の一部にしか呼ばれない実状からするとそうなってしまうのも仕方がないのかもしれませんが、だからこそ勉強で補って、自信を持って現場に立てるようになってほしいと思います。そこで、PART1では、映画の現場を例に挙げ、映画の企画が立ち上がってから公開に至るまでの流れの中で、各部署の役割や、俳優がどう関わっていくのかを詳しく説明しています。映画制作に特化して書いていますが、テレビや舞台の現場でも当てはまることだと心に留めておいてください。

PART2では、脚本の読解術について、具体例とともに解説しています。脚本はそれぞれ違った技術を持つ職人たちが唯一共有できる「映像・映画の設計図」です。あえて厳しい言い方をしますが、この設計図を正しく読み解ける力量が備わっていないうちから撮影の現場に参加すれば、周りのスタッフに迷惑をかけてしまいます。ですから本気で俳優を職業にしたいのであれば、脚本を読み解く技術を習得することが欠かせないのです。

PART3では、「映画を見ること」から俳優が学べるたくさんのポイントを挙げていきます。「野球を知らないのに野球選手になろうとしている人」と同じ状態にいる今の俳優たちに向けて、映画に出たいのならまずは映画を見て知識を養うことを勧めています。とはいえ、世の中には俳優の参考になる映画ばかりが公開されているわけではないので、どんな映画をどう見るべきなのか、俳優志望者ならどのように見ればよいのかについても、解説します。

PART4では、皆さんが一番気になるオーディションについて書いています。プロデューサーの視点から、オーディションでは俳優の何を見極めようとしているかを説明していきます。演技の基礎がある俳優がどれだけ現場に求められているか、そして付け焼刃のオーディション対策がいかに無効なのかも、きっと実感してもらえると思います。

最後に、PART5では、今後俳優として生きるために、そして何より継続して仕事が入ってくる俳優になるために必要な考え方や心構えをまとめました。総論として、ぜひ、何度も読み返していただきたい章です。

そして各PARTの間には、現場を知るために第一線で活躍する方々へのインタビューを掲載しています。それぞれ、撮影や録音スタッフは俳優とどう関わっているか、映画監督は俳優に何を望んでいるか、芸能プロダクションは俳優をどう育てようとしているのか、そして現役の俳優が業界でいかに戦い、どこを目指しているのか、よく見えてくることと思います。

これだけの内容を書くために、前作から3年もの長い時間が空いてしまいました。しかし、日本の俳優やこれから俳優を目指す人への道を示す類のない「教科書」として、かなり濃密なものになったと自負しています。

本書の内容に入っていく前に、私の実感を記しておきます。

私はこれまで映画プロデューサーとして、数々の俳優オーディションを見てきました。そこで驚かされたのは、若い俳優たちの仕事に関する知識の乏しさ、演技技術の低さです。彼ら、彼女らは決して人間的な魅力に欠けているわけではありません。ただ思考が止まってしまっている。自分の出番をお行儀よくじっと待って、台詞を口にして帰っていくだけでは、俳優に求められている仕事を完全に果たせているとは言えないでしょう。俳優は現場でどうあるべきか。作品のために何を準備しておけばいいのか。もっと貪欲になって考えてください。

俳優は他のスタッフに比べて圧倒的に待つ時間が長い特殊な職業です。現場でもそうですが、そもそも役が決まらないことには家で待っているしかないのが俳優職なのです。そのため、膨大な待ち時間をどう使うかが、俳優の人生を左右します。

この本で書かれていることは、すぐにでも実践に移せることばかりです。待ち時間の質を高め、人生のカレンダーの中で、演技訓練に使う割合を増やしてください。そしてライバルたちと、どうすれば差を広げられるか、常に考え、実行し続けるのです。それは芸能事務所に所属しなくても、地方在住のままでも十分に可能なはずです。

日本の俳優のレベルは総じてあまり高くありません。だからこそ、俳優に求められている最低限の技術が備わるだけでも、飛びぬけた存在になることができるはずです。年間に何本も主演作があるスター俳優になるのは簡単ではありませんが、俳優の仕事で生活できるようになるのはあなたの意識が変われば十分可能です。むしろ、これから俳優を目指す人にとっては、大きなチャンスだと思います。

それでは、人に夢と勇気を与えてくれる素晴らしい職業、俳優の世界へようこそ。本書が俳優を目指す人々の新たなスタートラインになるように願っています。

PART.
1
「ものづくりの感覚」を養う

一般企業では、新入社員が会社になじみ、自分はプロジェクトの一員だとの自覚が芽生えるまでに、それほど長く時間はかかりません。なぜなら、彼らは毎日同じ時間に会社に出勤し、同じメンバーと同じ仕事をしているので、自然と仕事の意識が刷りこまれていくのです。そして、失敗したり、先輩に怒られたりしながら社会の常識を学び、成長していくことができます。

しかし、違う現場を転々としていく俳優は、何かに所属しているわけでも、手取り足取り教えてくれる先輩がいるわけでもありません。芸能事務所に所属したところで、事務所が人間的成長まで面倒を見てくれるケースは多くありません。

そのため、俳優はいつでも自分から「学ぶ」意識がとても重要となります。撮影現場での動き方も自主的に学んでいかなければ、いつまで経っても正しいことはわからないままなのです。「俳優もまた現場の一員」という自覚があれば、無知のまま現場にいることがどんなに恥ずかしく、恐ろしいことか、理解できるはずです。

演技が上手でも、現場に貢献できない俳優は必要とされません。作品のために現場で何ができるか考えること。演技の上手い俳優になること。実はこの二つは根本的に全く同じ問題なのです。そこでPART1では、俳優としてすべての大前提となる「ものづくりの感覚」を養うために必要なことを、細かく見ていきます。

作品のために俳優がいる

　巨匠と呼ばれる映画監督が手掛けた作品であろうと、人気脚本家が書いた作品であろうと、ふつう、一般の観客の関心はそこにありません。いつの時代も映画の花形は俳優です。観客の多くが俳優の演技に感動し、共感するからこそ、映画の評価につながり、ヒットが生み出されるのです。そのため、誰もがつい、俳優のために映画があるかのような錯覚を抱いてしまいがちです。もちろん、観客がそのように見て感じるということは、俳優を含め作品全体のバランスが上手くいっているわけで、作品に関わったスタッフたちからすればこれほど嬉しい話はありません。しかし、ここでマズイのは、俳優本人がこの錯覚に陥ってしまうことなのです。特にこれから俳優を志す若い人たち＝本書の読者にとっては、ここで躓くとなかなか起き上がれなくなってしまうので注意が必要です。

　まず、「俳優」という存在が何か特別のポジションだととらえることをやめましょう。それでは、俳優の現場での真の役割を理解することはできません。俳優とは紛れもない制作チームの一員であり、映画など作品を構成する数多くの要素の一部分なのです。「俳優のために作品があるのではなく、作品のために俳優がいる」ということに、これから俳優を目指す人、俳優として生きていこうと思っている人は、常日頃からぜひ、意識的になるようにしてください。

「作品に出演させていただきました」と言わない

「はじめに」でお伝えしたように、私は普段から若い俳優たちと接する機会が多いのですが、自分の仕事に「ものづくり」や「連帯性」を感じていない人が特に増えていると感じています。昨今のインスタントな制作環境が俳優をそうさせてしまった部分はあるでしょう。時間もない、お金もない、忙しいキャストを長時間拘束することもできない。「ないない尽くし」の制作現場では、まず何より、作業としてのスピードが優先されてしまいがちです。特にテレビドラマの撮影は、流れ作業も同然の速さで物事が進行していきます。現場を経験したことのある方は、突然呼ばれたと思ったら、監督やスタッフたちと深い意思疎通をする間もなく本番を迎え、気づいたら撮影が終了しているという経験をしたことのある人も多いでしょう。現場になじむ前に出番を終え、あっという間に帰されてしまうこともあるかもしれません。そんなことが続けば誰だって仕事に「ものづくり」は実感できないし、連帯感を抱けなくなるのは仕方ないことだと思います。

よく、若い俳優が、「作品に出演させていただきました」「監督に使っていただきました」と言うことがあります。私はこの俳優の受身的な表現に少し違和感を持っています。私を含め、制作者側は決して、俳優に喜んでもらいたいから、恩を売りたいからキャスティングしているわけではありません。作品づくりにこの俳優が必要だから、制作メンバーとして声を掛けているのです。それが、当の本人たちはものづくりに参加している認識が薄いのです。私が代表を務める映画24区トレーニングでは役の大小に関わらず自信を持って「作品に参加させていただきました」という言い方で話すようにと指導しています。

本来、俳優がものづくりの感覚を持っていることは、演技の話をする以前にとても重要なことなのです。この本では、さまざまな方面から俳優の仕事を読み解き、各章の間にあるインタビュー頁では、俳優をとりまくいろんな職種のプロたちからのアドバイスも多く凝縮していますが、これらすべての土台になるのは、「俳優の仕事はものづくり、すなわち俳優はものづくりメンバーの一員だ」という意識なのです。俳優が一人で何かを表現し、一人で何かを完成させるということはほとんどありません。

必ず映画なり演劇なりの「作品づくり」が前提にあって、それを成立させるための重要なパートの一つとして現場に呼ばれるわけです。

俳優は、ものづくりの一員である、ということを、まず覚えておいてほしいと思います。

作品づくりはチーム戦。各パート（部署）の役割を知っておこう

それでは、映画を作品づくりの代表例としてとりあげ、まず、どんなパート（部署）があるのか、見ていきましょう。各技術パート（部署）から多くの専門家が集まって、「井筒組」「大林組」といった、監督の名前からとった組（チーム）が編成されます（井筒組：井筒和幸監督のチーム、大林組：大林宣彦監督のチーム）。組（チーム）に参加する人は、どのパートであろうと共通言語となる脚本を読み解く技術や、各部署間におけるコミュニケーションが何より必要とされます。

特に新人の俳優にとって慣れない現場は不安が多いと思いますが、うまく溶け込むコツがあるとすれば、俳優は「俳優部」以外の他部署で、誰がどんなことをしている

かをよく把握しておくことです。この項では映画づくりにおける主要パートの役割を簡潔に説明しますので、今後、映画の現場に積極的に参加したいと考えている人は必ず押さえておいてください。どんなに小規模の現場であっても、俳優を含めたスタッフが20人近く、バタバタと動いています。誰がどのパートを担当しているかなどを親切ご丁寧に教えてくれる余裕のある人はおそらくいないでしょう。ですから事前にしっかりと勉強をしておき、現場ではスタッフをよく観察したり、こっそりと誰かに聞いたりして自主的に学んでいく姿勢をぜひ持ってください。

プロデューサー部

プロデューサーは映画の企画開発に始まり、資金調達、脚本開発、撮影、編集、そして劇場公開や二次利用の展開と、長期間にわたり責任をもってプロジェクトを動かしていく最高責任者です。プロデューサーなくして映画は成立しないと言っても過言ではありません。俳優に関わるキャスティングに関しても最終決定権を持っています。映画の規模が大きくなればなるほどプロデューサーと呼ばれる人たちが増えていくので、誰がどういう役回りをしているかわかりづらいかもしれません。

例えば、映画に出資している会社の代表たちは「製作」または「製作プロデューサー」と呼ばれ、その中でも幹事を務める会社の代表は「エグゼクティブプロデューサー」もしくは「製作総指揮」と呼ばれています。この人たちは映画ビジネス、つまり投資した映画がヒットしてリターンを得ることができるかという点において責任を持っています。撮影現場に頻繁に出てくることはありません。

一方、俳優と関わりが近いプロデューサーといえば「制作プロデューサー」または「ラインプロデューサー」と呼ばれる人たちです。決められた制作予算の中でキャスト、スタッフ、ロケ、編集等にかかる費用をやりくりして、期限内に本編が納品できるよう、制作スケジュールの管理を徹底して行っています。

このように映画製作の構造を知っていればある程度はわかってくるものです。

脚本部

映画の設計図を描くという、映画づくりにおいて要となる脚本をつくるパートです。脚本はプロデューサーからのオファーを受けて脚本家が書く場合と、企画の発案者である監督が自ら書く場合があります。いい脚本にはきちんとした取材に基づいた歴史背景や状況設定が必要になりますので、シナリオハンティングや資料・情報の収集を欠かさず行っています。

そうして初めてできた原稿を「初稿」と言います。この初稿を元にプロデューサー、監督、脚本家の3者で何度も脚本打ち合わせの協議を繰り返します。これを通称「ホン打ち」と言います。これが映画づくり全体の中で最も時間を投入する工程です。

最終的に、今後は変更がないという段階の脚本、「決定稿」が完成すれば、脚本部の作業は一旦終了します。しかし、撮影開始後、現場や俳優の状況により、一部内容の変更が必要となる場合があります。そんなときはプロデューサーや監督の指示で脚本部に修正作業の依頼が発生します。脚本の開発途中で俳優が脚本部と直接関わることはほとんどありませんが（完成した脚本の意見を求められる場合はあります）、だからこそ重要なこのパートの存在を知っておいてください。

製作部

プロデューサーの膨大な仕事を補佐し、また監督や俳優たちとプロデューサーやスタッフをつなぐ役目を持っているのが製作部の仕事です。助監督のようにチーフやセカンドといった呼称ではなく、製作担当、製作主任、製作進行と呼ばれています。将来はプロデューサーを目指している人が多くいます。

製作部はキャスティング交渉、ロケの候補地探し、撮影予算の見積りをはじめ、撮影に入ってからはその進行状況を把握し、撮影各スタッフの統制を行っています。ロケーションにおいては現場を管理監督し、安全管理、機材管理、スタッフの食事や宿泊面の対応、移動や撤収の指示、トラブルへの対処、交通整理や野次馬規制など、現場で生ずるあらゆる雑用に対応するのも仕事です。昨日の現場の片付けや明日の現場の準備を手分けして動いていることが多く、製作部全員が撮影現場にいるケースは少ないです。

大量の仕事の中でも特に、現場での現金支出も含め、ロケ予算の管理とスケジュール管理が、最も重要な仕事です。現場からはとにかく、いい画を撮りたいという理由で予算を度外視した注文が相次ぎます。そのとき監督を説得したり、また逆にプロデューサーに掛け合ったりして、予算の増額を交渉します。また俳優の所属事務所からの要求に対する窓口にもなることもあります。

演出部

映画監督というのは全パートの総監督ではありますが、専門性で言えば、演出部の所属になります。監督を補佐する助監督は通常チーフ、セカンド、サードという3人で構成されます。作品によってはセカンドやサードが2人になったり、4人目のフォースがついたりと変則的です。

チーフ助監督の主な仕事は、全体の枠組みや撮影日数を、プロデューサーやメインスタッフたちと相談しながら、香盤表と呼ばれる総合スケジュール（通称「総スケ」）、そして日々スケジュール（通称「日々スケ」）を作ることです。チーフ助監督は日々の進捗状況に応じて翌日以降の準備にまわっていることが多く、撮影現場にはいないことが多いです。

そこで、現場の進行管理を仕切っているのは大抵の場合、セカンド助監督です。監督の指示を各スタッフや俳優に伝えたり、衣裳・ヘアメイク、エキストラの誘導を担当したりしています。

サード助監督はカチンコたたきをはじめとして、美術や装飾、持道具をケアしています。

演出部の助監督たちは、いずれ自分が監督をするときに一緒に組みたい俳優がいないか、日々、現場をまわしながらも必ず吟味しています。俳優側もどういう監督について、どんな作品に参加してきて、今後どんな作品を作りたい人なのかをいろいろと撮影の合間に聞いてみるのがよいかと思います。

俳優部

そして、皆さんが制作現場で配属されることになるのが、この俳優部です。映画の主演俳優から、脇を固める助演俳優、背景を横切るだけのエキストラ俳優に至るまで、現場では俳優として参加している人間全員が、俳優部として扱われます。

出演が決まると俳優は脚本を手配され、作品の内容を咀嚼し、自分の演技プランを組み立てることを要求されます。実際に現場入りするまでの準備については、基本的に誰も指示をしてくれません（医者や弁護士など、特殊な役の場合や、主役クラスであれば、演出部が補佐してくれる場合もあります）。役作りのために資料を探すのも、関連作品を鑑賞するのも、すべて自分の判断に委ねられます。全ての部署の中でもっとも自主性を試されていると言っても過言ではないでしょう。

現場に入ってからは、俳優部を管轄するのは演出部の役目です。助監督の指示に従いながら、出番を待ち、準備が整い次第、カメラの前で演技をします。その心構えや準備については、この本でこれから詳しく述べていきます。

撮影部

監督の指示や意向に従って、映像面での責任者となるのが撮影部、すなわちキャメラマンです。レンズを通して現場の誰よりも俳優を見ている人です。監督と相談して、光と影の使い方や色彩のバランス、全体のトーンなど、でき上がりの「画《え》」としての構図やカメラワークなど、細部にわたって決定していきます。

撮影前は衣裳合わせに参加して、俳優の肌や衣裳の色味をチェックしたり、撮影機材の調達を行います。

撮影監督のキャメラマンには、助監督同様、チーフ、セカンド、サード、フォースの4人の撮影助手がついています。チーフは計測、露出を担当し、照明部と連携して明暗のバランスを取ります。各部とのシーン、カットの段取りおよびスケジュール等の確認もチーフの仕事です。セカンドはレンズのフォーカス（ピント）送りなど、キャメラまわりを主としていて撮影機材全般の管理を担当します。サードは撮影したデータ管理を主として、撮影機材の保守も担当します。フォースは機材担当で撮影時には主に三脚など脚まわりや特殊機材の準備や操作を行います。

撮影後は編集に関わることはほとんどありませんが、編集後のカラー・コレクション（通称「カラコレ」）のときに、色調補正を行ったりします。

参考 インタビュー1：撮影スタッフに聞く「こんな俳優と仕事をしたい」（P.68）

照明部

照明は撮影の根幹に関わる「光と影」を操る仕事です。光と影をうまくコントロールすることで、俳優の演技や場面の雰囲気にさらなる意味を持たせ、深みを加えることが可能になります。海外では照明も撮影部が兼ねて担当するようですが、日本映画の制作現場では照明部が存在し、キャメラマンとの連携のもと、仕事をこなしています。屋内撮影では昼時に夜のシーンをとる場合は光を遮蔽するのに時間がかかり、夜時に昼のシーンをとる場合は多くの照明機材のセットが必要になります。また、屋外撮影では太陽や雲の動きを誰よりも気にしていたりします。機材が重く、また大がかりであることも多いので、照明に関わるスタッフは多く、その職人的な仕事ぶりが現場に活気を与えることが多く見られます。

録音部・音響効果部

録音部は撮影現場では主に俳優の台詞を収録することが主な仕事です。録音助手が機材のセッティングを行い、マイクを釣り竿のようにしてカメラのフレームに入らないよう、俳優に向けた「ブーム」マイクの位置や方向を、細かく調整しています。撮影後の仕上げ時には現場で録った台詞の編集や整音、そして音楽のハリツケを担当します。

一方、音響効果部はライブラリと呼ばれる効果音の素材集や、フォーリーという足音や物の取り置き、人物の動きにともなうあらゆる音を映像に合わせて演じ再録音していく作業によって、台詞と音楽以外のさまざまな音を制作していきます。そして最後に台詞・音楽・効果音とのバランスをスタジオで調整し、映画の音を仕上げていくのです。

参考 インタビュー2：録音スタッフに聞く「こんな俳優と仕事をしたい」（P.106）

美術部・装飾部・操演部

美術部の美術デザイナーはロケハンや衣裳・小道具打ち合わせに参加後、作品の内容、条件、規模などをふまえて美術プランを考え、監督や各部署に確認をとります。スタジオにセットを組むのか、オープンセットでいくのか、ロケがメインなのか……等によって、美術部と装飾部のバランスも変わりますが、建物などの大きなものから、棚の中のカップに至るまで、映るもの全てを扱います。

装飾部は美術監督の描いたデザイン画に沿って美術を飾り付ける部署です。小道具と大道具のスタッフがいて、大まかに、俳優が持つものや持てるもの、あるいは動かせるものを扱うのが小道具で、飲食物も小道具の管轄です。装飾部中に一人だけ、持ち道具というポジションがあり、俳優の持ち物を担当します。持ち物とは靴、鞄、アクセサリーから物語のキーワードになる作りものまで、とにかく小道具全般。また、装飾部の現場担当の役割も果たしています。一方、動かないものを扱うのが大道具です。大工仕事を中心に、塗装、園芸の職人が活躍し、短時間で本物らしくセットを作り上げます。スタジオ撮影は勿論のこと、オープンロケの場合でも、すでにある建物や背景に手を加えて、映画の脚本に合ったイメージを作り上げていきます。

美術部門の仕事の中でも特に特殊技術を要するのが操演部です。クレーンやワイヤー、滑車で俳優を吊り上げる、怪獣を機械仕掛けで動かす、ミニチュアのまちを作り、電車を走らせる、などは、操演担当です。また、火薬を使っての爆破や炎上といった「破壊」も操演の仕事です。

操演は現場のさまざまな要求や難題に応えなければならず、また、実際にアイデアを駆使して解決します。豊かな知識と発想力、経験があってこそ、本当に役に立つ、頼られる操演として活躍できるのです。大型機材や爆薬、薬品やガスなど、危険を伴うものを扱うこともあり、特別な知識が必要になります。最近ではCGを使ったSFXの技術も求められます。また、クレーンやワイヤーなどの大型機材の操作も、コンピューター制御が開発され、操演仕事の幅は増えています。

衣裳部

俳優の演出は衣裳に頼るところが大きく、映画のストーリーや狙いと衣裳は切っても切れない密接な関係にあります。映画の舞台となるその時代、人々はどんな衣服を身にまとっていたか、身分や職業によってどんな特徴があったか、さまざまな資料から分析し、役にふさわしい衣裳を監督とすり合わせをしながら決めていくのが衣裳部です。想像の世界が舞台となる場合は、衣裳担当としてのセンスやデザイン力が映画全体に大きく貢献します。

方向性が決まれば各俳優の事務所からもらったサイジング表をもとに、各アパレルブランドに衣裳をリースしたり、場合によってはオリジナルの衣裳を作ります。

その後、俳優との衣裳合わせで、着心地や動きやすさなどを確認した後、直しを入れたりサイジングを微調整したりします。現場に入ってからは衣裳部屋で俳優の着替えの手伝いや、撮影時の衣裳のチェック、メンテナンスを行います。特に夏の現場は俳優が汗をたくさんかくので、撮影後の衣裳の洗濯だけでも大変です。衣裳部は夜眠れないことも多いのです。

映画の衣裳はかつて、専門の衣裳会社が一手に引き受けていました。しかし時代が変わり、スタイリストが衣裳選びから着こなし、アクセサリーまで担当することが増えています。

ヘアメイク部

ヘアメイクというと化粧をし、ヘアスタイルを整え、俳優を美しく仕上げるというイメージを持ちがちですが、映画のヘアメイクの仕事は役柄に沿った人物を作り上げることです。一人の俳優が役柄や場面に合わせ、いろいろな特徴を持った人物になっていくとき、例えばヒゲや傷、肌の色合いなどは、メイクでリアルに作り上げます。作品の中でその人物に時間の経過があるときは、若い顔から老けた顔まで、自然に見えるようにメイクで作ってしまいます。心理状態も、メイクによって表現できます。怒っている顔、疲れている顔、上気している顔など、場面によって変化する表情は俳優の演技だけではなく、メイクの力も必要になるのです。

最近は特に特殊メイクが脚光を浴びることが多いのですが、特殊メイクに限らず、メイクの役割は映画において重要です。直接俳優と接することから、俳優のコンディションまで把握できる立場ですし、撮影スタッフとの連携も大切な仕事になります。

スクリプター

記録とも呼ばれるスクリプターは、監督の秘書と言うべき役割を持ち、細かな配慮や冷静さが必要なことから、女性に向いている仕事でもあります。というのも、撮影は脚本に沿って順番に行うわけではありません。場所や俳優によって、飛び飛びのシーンをまとめ撮りするのが普通です。またワンシーンの中のカット割りも順番通りというわけではないので、切れ切れに撮影されたものを細かく記録しておく必要があります。最終的につなぎ合わせて1本の作品に仕上げるために、スクリプターは、作品の一貫した流れを念頭に置きながら作業していきます。記録内容は、カットごとの俳優のアクション、台詞、衣裳、背景、NGかOKかなどで、専用のスクリプト用紙に記入していきます。その他、カットごとに映像がスムーズにつながるように、例えば、背景にあるものの位置や、俳優の髪の乱れ具合などにも気を配る必要があります。

編集部

スクリプターが作成したスクリプト用紙をもとにバラバラに撮影されたカットをつなぎ合わせ、1本の作品に仕上げていくのが編集部の仕事です。何百、何千にも及ぶカットを映画の内容に沿って組み合わせていくのですが、ただ単にカットの順番通りにつなげていくというわけではありません。組み合わせるときのタイミングや間の取り方、余韻の残し方といった、つなぎ方の「リズム」が非常に大切になってきます。そして、それが作品の出来を大きく左右することから、「映像を生かすも殺すも編集次第」とまで言われているのです。そういう意味では、編集は「演出」という役割をも果たしていることになります。

編集技師は、基本的には撮影に参加しません。撮りためた映像を客観的に見ることができる冷静な目を持っていなければいけません。観客の視線や見え方を踏まえながら、作品の意図を十分に理解し、「最高のつなぎ方」でもって、作品を仕上げます。

この他にも、映画には撮影の様子を映像で記録する「メイキング担当」や、宣伝時に使用する写真を撮る「スティール担当」、食事を用意する「ケータリング班」、移動車を運転する「車両部」などがいて、細かい役割を挙げ始めればキリがありません。これだけのスタッフの仕事や想いを背負って、カメラの前に立つ俳優の仕事がいかに責任重大かということですね。

実際の現場から、制作工程を学ぶ

新人俳優で小さな役の場合、事前に脚本1冊をまるごと準備してもらえるケースはあまりありません。また、撮影現場にも急に呼ばれることが多いため、その作品・映画全体がどのような話で、今どの段階の制作工程で撮影シーンなのかを意識することなく仕事が終わってしまうことも多くあります。せっかく現場に参加できているのに、これは非常にもったいないことだと思います。

そこで、映画に関わる各パート（部署）・スタッフの役割がおおまかにわかったところで、ここからは、映画作品がどのような工程を経て作られていくのかを紹介します。ここでは、映画24区が過去に製作した映画『乙女のレシピ』を例に挙げてみます。『乙女のレシピ』は山形県鶴岡市を舞台に、料理部に所属する4人の仲良し女子高生が、料理大会のレシピ作りに悪戦苦闘する1日を追った、青春映画です。山形県の朴訥とした風景の中で、女子高生たちのにぎやかな日常が綴られていきます。ささやかな小品といった趣の作品ですが、それでも完成までにはたくさんの苦労があるものです。

参考 映画の制作工程（P.38）

映画の制作工程

企画発案・原作権取得
監督・脚本家決定・脚本づくり
スポンサー＆主演俳優決定
製作委員会発足
スタッフィング・キャスティング
ロケハン
美打ち
衣裳合わせ・装飾準備
ヘアメイク準備
総合スケジュール決定
セット設営
ホン読み・リハーサル
撮影
編集・カラコレ
整音・音響効果・音楽制作
試写・宣伝
公開・舞台挨拶

まず、「企画」は、誰がどのように始めるのか？

どんな内容の映画を、どんなターゲットに向けて作るのか？　という、映画製作の大きな根幹が「企画」です。どんな映画も、一人のプロデューサーによる企画立案で始まることが多いのですが、大手映画会社の場合は、たいていヒットしている小説や漫画の原作を探してきて、お金を払って一定期間、脚本を開発する権利を取得したりします。

一方、既存の原作に頼らずオリジナルの脚本を監督や脚本家と一緒になってゼロから作り上げるプロデューサーもいますし、製作会社もあります。いずれにせよ、脚本が完成するまでには、とても多くの時間を投入します。企画が本格的に実現に向かうかどうかも、脚本の出来にかかっています。俳優やスタッフは脚本が完成してから仕事のオファーを受けることがほとんどですが、脚本が完成するまでの工程は知っておいたほうがいいでしょう。

ちなみに『乙女のレシピ』の場合、山形県鶴岡市が舞台となるという条件のもと、予算をコンパクトに抑えるためにロケ地の移動が抑えられる学園ムービー（いわゆる「ワンシチュエーションもの」）にすることを、企画段階から決めていました。そして秋という季節がら、地元の豊かな食材がふんだんに使えたため、料理部という「食」のキーワードを後から付け足したのです。「食」に関連する映画は、上映にあわせて飲食系のイベントが組みやすく、全国各地の映画祭に招待されやすいというメリットもあります。

このように企画とは、脚本の内容以外にも予算や公開時の収入見込など、さまざまな事情に照らし合わせて練り上げられていきます。

よく見る「製作委員会」とは何か？

映画業界では「『製作』と『制作』は違う」という考え方があります。

「製作」とは、映画の企画開発をして、資金を集めて作品を作り、それを商品として販売し、利益を上げるという、ビジネスの全体工程を指しています。

一方の「制作」は予算内で作品を作って発注元に納品する、つまりスタッフや配役を決めて、シーン毎の撮影場所を決めて、セットを作り、撮影に入り、編集して、音楽や効果音などを付けて、１本の原版を作るまでの工程のことです。その後、その原版を焼き増しして、映画館に配給したり、ＤＶＤを作ったり、テレビで放映したりして、収入を計上するまでが「製作」なのです。

映画のエンドロールを見ていると、「製作委員会」という文字を目にすることが多いかと思います。これは、簡単に言うと、映画をビジネスとして作るために集められたスポンサー（出資会社）による委員会です。原作の出版社、主演俳優の所属する芸能事務所、配給会社、テレビ局、広告代理店、DVD等のパッケージ会社などが、メンバーとして委員会に名を連ねます。映画の興行成績に大きく影響する主演俳優は、製作委員会の中で決定される場合が多いです。その他俳優は、製作委員会から発注を受けた制作プロダクションから、出演のオファーを受ける形が一般的です。

『乙女のレシピ』では、企画した映画24区のほか、地元のロケコーディネートを行う庄内映画村、地元の映画館を運営するまちづくり鶴岡という3社が集まって製作委員会が設けられました。

「スタッフィング」＝スタッフを決めていく

スタッフィングとはスタッフを決めていくことです。まずメインスタッフから決めていきます。メインスタッフとは、監督をはじめとして、ラインプロデューサー、撮影キャメラマン、チーフ助監督、照明技師、美術デザイナー、製作担当などです。

現場ではまず、ラインプロデューサーが現場予算の全体を見て、製作担当がロケ地を探して交渉する、といった動きが最初になります。次に、準備パートと呼ばれる人々、助監督や製作主任や製作進行が入り、キャメラマン、美術、照明技師、衣裳部、装飾部と、動き出します。その他、メイク、記録など衣裳合わせからのスタッフや、撮影・照明の助手などが入ります。録音部は、撮影が近くなってから参加します。

スタッフの選び方は、監督と相談して決めていきます。特にチーフ助監督、キャメラマン、編集技師については、監督がやりやすいかどうかも考慮しなくてはいけません。ただ、キャメラマンと美術は、その作品の狙いに合った人選をしなければならないので、こちらの意向も監督に伝えて決めていきます。

『乙女のレシピ』は小規模の現場でしたので、スタッフィングに時間がかけられないうえ、現場での連携を重視した結果、監督の三原光尋さんとのつながりを中心に、メインスタッフが決まっていきました。

最も気になる「キャスティング」について

「あの俳優がこの役をやるのか」「俳優の存在感があっていい」「それぞれの個性が

作品に幅を作っている」……こんな評価があるように、キャスティング一つで作品は深みを増します。既に主演俳優が決まっていたら、そのキャストを基準に、相手役や脇の俳優たちを決めていきます。キャスティングについては専門のプロデューサーを使う場合もあります。彼らはキャスティングから撮影時の日々の俳優の出し入れ、ギャラ交渉までを管理します。俳優のスケジュール調整は、撮影スケジュールの管理者であるチーフ助監督と密に連絡を取り合って行います。また、新人をキャスティングするときにオーディションを行うことがあります。監督、プロデューサーが実際に会って、質問をし、新人のキャラクターや能力を見たり、実際に演じてもらったりして決定します。

『乙女のレシピ』では当初、地元の俳優でメインキャストを固めたいという意向があったのですが、適した人材が見つからず、東京にてオーディションを行いました。一方で、脇役のおじさんやおばさん役には、地元の方たちが出演していて、映画にリアリティをもたらしてくれています。

いよいよ、「ロケハン」

ロケハンとは、ロケーション・ハンティングの略です。映画やテレビドラマなどの撮影で、製作部が中心になって撮影場所を探すことを言います。ロケ地が決まらないと美術プランも撮影スケジュールも固まらないため、早くから動き出し、最適なロケ地を探さなければなりません。ロケ地はその見た目だけではなく交通の便、予算面、近隣の環境など、さまざまな条件をクリアする必要があります。

ちなみに企画段階で、脚本の取材のために、脚本家や監督を中心として舞台を巡ることをシナリオ・ハンティング、略してシナハンと呼びます。脚本にリアリティをもたらし、物語に深みを与えるためには欠かせない工程です。

『乙女のレシピ』のロケハンでは懸念していたことがありました。それは、撮影に協力してくれる学校が見つかるかどうか。生徒たちの授業や部活の妨げになるために撮影を許可してくれない学校はたくさんありますし、かといって閉校になった場所では、机や椅子などがないからっぽの校舎で、美術部の負担が増えてしまいます。幸運なことに、このときのロケハンでは東京ではなかなかお目にかかれない立派な家庭科室（別棟）のある学校をお借りすることができました。ロケ地次第で予算も撮影スケジュールも大幅に変わるので、ロケハンのスタッフは候補地を複数おさえながら、ベストを探り当てる作業に余念がありません。

「デザイン画」と「美打ち」へ……

ロケ地が決まったら、美術監督は「美術デザイン画」を描きます。どのような規模でどのようなビジュアルのセットを建てるか、また周囲の風景や、カメラを回したときのイメージなどを、この画《え》でスタッフが共有します。このデザイン画をもとに行う、具体的な美術関係の打ち合わせを、「美打ち」と言います。美打ちは監督、プロデューサー、美術監督をはじめ、キャメラマン、照明部、美術スタッフ、装飾部、衣裳部、特殊メイク、造型、ヘアメイクなど、ビジュアルに関わるほとんどすべてのスタッフが集まる重要なミーティングです。メンツを変えつつ、数回行われます。

『乙女のレシピ』では、ストーリーのなかで出てくる「料理大会」の課題が炊き込みご飯だったため、フードコーディネーターの方を交えて、演出面でもビジュアル面でもインパクトのある炊き込みご飯を作り出すことに苦労しました。

俳優は「衣裳合わせ」の時間を生かすこと

キャストの具体的なビジュアルを作るために、衣裳部（スタイリスト）は監督と打ち合わせを重ね、登場人物のイメージに合わせた衣裳を準備します。候補の衣裳がそろったら、実際にキャストに試着してもらう衣裳合わせを行います。衣裳合わせには監督、メインスタッフが立ち会い、キャスト一人一人のシーンごとの衣裳・持ち道具を決めていきます。

『乙女のレシピ』のような学園ものでは、登場人物はみんな同じ制服を着ているので衣裳合わせも簡単そうだと思っている人は多いかもしれません。しかし、同じ制服だからこそ、細部でキャラクターの個性を出そうと、衣裳部は頭を悩ませます。『乙女のレシピ』は料理部という設定があったので、エプロンの色や形で性格の違いを表現しました。

そういえば若い俳優たちは衣裳合わせのとき、監督や衣裳部の指示通りに服を着て「ありがとうございました」と言ってすぐに帰っていく人が多いです。これは私はもったいないなと思います。衣裳合わせの時間は、クランク・インまでに俳優部とメインスタッフが唯一顔を合わせて脚本のことを確認できる貴重な機会だからです。このとき、俳優からの演技プランがあれば、監督たちはぜひ聞いてみたいと思っていますので自分から衣裳や小道具を用意して提案してみるなど、アイデアがあれば積極的に持ち込んでみてください。少なくとも衣裳を着たら役に合わせた動きをしてみるなど、監督や撮影部がイメージしやすくなるようなことはしてみましょう。現場に入ってしまうと細かい演技指導をしている時間はないので、監督と事前に役の方向性をすり合わせできるのは衣裳合わせのときだと認識しておいてください。

「ヘアメイク部」に聞いた、いい俳優・だめな俳優とは?

衣裳と持ち道具が決定したら、各キャラクターのヘアデザインとメイクを決定していきます。ヘアメイク部はクランク・インまでに必要な素材を準備します。素の俳優に触れることが基本の仕事なので、俳優をリラックスさせたり、メイクルームの環境を心地よくしたりすることもヘアメイク部の重要な役割です。また、幻想的なクリーチャーからリアルな傷までフォローし、必要に応じてキャラクター作りの要となる特殊メイク部が参戦します。

『乙女のレシピ』のときは、女子高生の映画だったので、ヘアメイクで個性を出したい一方で、おしゃれになり過ぎないバランス感覚も大切でした。

ところで、私がヘアメイク部から聞いた、「いい俳優」とは、「自分の肌状態に自覚がある俳優」だそうです。若い女優は特に、少しの環境の変化で肌が荒れやすいものです。撮影の疲れがたまっていたり、お弁当が合わなかったりするとニキビがちらほらと出てくることもあるでしょう。しかし、本人に自覚がないと予防法がわかりませんし、隠すのにも苦労します。本人が気にしなくても、現場は大いに気にします。なぜなら、シーンのたびに肌状態が違うキャラクターなんて、おかしいですから。少なくとも自分の身体に合わない食材や、肌に効く薬は知っておいてください。

一方で、「だめな俳優」とは、「現場に入っても、待ち時間にスマホばかりいじっている俳優」だそうです。そんな俳優は、きっと夜、布団の中でもスマホを眺める習慣がついているから、夜更かしや睡眠障害を引き起こしやすく、それが肌荒れの原因になりやすいそうです。ある現場ではあまりにも俳優の肌荒れがひどく、私はヘアメイク部から「スマホ禁止令を出してください！」と懇願されたこともあります(笑)。

「とにかくカメラの前に立っていればいい」ということではなく、プロとして、見た目も含めて自分の体調管理に気をつかわなければ現場に迷惑がかかる、ということを俳優自身がきちんと認識できていることが大切なのです。

「総スケ（総合スケジュール）」の決定

総合スケジュールとは、決め込んで作られる撮影全体のスケジュールのことで、通称「総スケ」と呼ばれています。いつ、誰が、どこで、どのシーンを撮影をするか、必要な小道具やエキストラは何かという情報が一覧で見られるようになったカレンダー仕立てのリストです。チーフ助監督が作成し、映画のスタッフ全員がこの総スケをもとに予定をたてていきます。総スケは天候、俳優のスケジュール、撮影の進行によって変更します。

総合スケジュールを受けとった時点で、俳優はロケ地や共演者を把握できます。三原光尋監督から聞いた話ですが、『村の写真集』という映画でベテラン俳優の藤竜也さんは、スタッフが撮影準備で現地に前入りしたときにはすでにロケ地の村で暮らしながら、出番を待機されていたそうです。このように総合スケジュールの情報もうまく活用すれば俳優が準備する際に参考になるかと思います。

参考 総合スケジュール・日々スケジュール見本 （P.51）

「美術設計」＆「セット設営」

ロケ地とスケジュールが決まると、美術部はクランク・インに向けて一気にセットの設営に入ります。脚本と美術監督が描いたデザイン画をもとに、美術デザイナーと美術部はそれを具体的に膨らませ、ディテールを詰めて現実に建てていきます。

『乙女のレシピ』では料理部という設定があったので、俳優たちが本当に料理ができるように見せるため、俳優と一緒に細部の仕草を詰めていく作業が多くなりました。現場では実際に料理を作ってみる練習もしました。

「ホン読み」と「リハーサル」

クランク・インが近づいてくると、映画に関わる全スタッフが脚本を持って集合する「オールスタッフ」と呼ばれる最終の準備ミーティングが行われます。一方で、俳

総合スケジュール・日々スケジュール見本（映画『セブンティーン、北杜　夏』より）

冨樫組
（映画『セブンティーン、北杜　夏』より）

総合スケジュール

S#	L/S	D/N	日替わり	P	場面	場所	内容	川口彩未 / 堀春菜	藤本源気 / 本間淳志	鈴木治 / 斉藤歩	岡本茉莉 / 太田唯	川口由香 / 大寶智子	川口千恵子 / 角替和枝	植田美夏 / 関めぐみ	神谷宏 / 岩瀬亮	杉田昭三 / 寺田農	中国人・趙 / キムセイル	金山 / 森羅万象	翔 / 柳内佑介	その他キャスト	EX	備考
8月17日（水）　酒造△　予備?																						
28B	L	M	①	0.2	ひまわり畑	北杜市・明野 ひまわり畑	自転車で駆け抜ける彩未	彩														自転車
22	L	D	③	2.1	ひまわり畑	北杜市・明野 ひまわり畑	遺言書を発見	彩	藤	△								△	△			豆腐屋自転車、黒塗り自動車
8	L	D	①	2	杉田酒造・前	北杜市・谷櫻酒造	担ぎ込まれる昭三、彩未御代をもらうが	彩		鈴					神	杉				救急隊員		豆腐屋自転車、救急車
10	LS	D	①	1	救急車車内	北杜市・谷櫻酒造近く	相続者を変えたと言う昭三			鈴					神	杉				救急隊員		救急車
9	L	D	①	1.8	杉田酒造・表	北杜市・谷櫻酒造近く	彩未と藤本、激突	彩	藤													豆腐屋自転車、救急車
9A	L	D	①	0.6	杉田酒造・表	北杜市・谷櫻酒造近く	彩未と藤本別れ、ハンカチ預かる	彩	藤													豆腐屋自転車
14	LS	SKY	②	0.7	杉田酒造・庭	北杜市・谷櫻酒造	昭三の通夜、不穏な柄の悪い男たち		藤	鈴					神			金	翔		弔問客	
8.4																						
8月18日（木）　予備?																						
27	LS	D	③	0.6	ホテル・廊下	北杜市・八ヶ岳ロイヤルホテル	鈴木を探す藤本、彩未と再会	彩	藤													
28	LS	D	③	1.6	ホテル・厨房	北杜市・八ヶ岳ロイヤルホテル	彩未を制して去る藤本	彩	藤													
30	LS	D	③	0.5	ホテル・会見場・前	北杜市・八ヶ岳ロイヤルホテル	彩未、追いつく	彩	藤													
25	LS	D	③	0.6	テレビ画面	北杜市・八ヶ岳ロイヤルホテル	美夏、レポート							美							撮影クルー、会見スタッフ、記者	テレビ画面用
29	LS	D	③	0.8	ホテル・会見場・中	北杜市・八ヶ岳ロイヤルホテル	記者会見スタート			鈴				美			趙			夢野猿、出資者	撮影クルー、会見スタッフ、記者	
31	LS	D	③	2.3	ホテル・会見場	北杜市・八ヶ岳ロイヤルホテル	彩未、藤本、会見に乱入	彩	藤	鈴				美			趙			夢野猿	撮影クルー、会見スタッフ、記者	モニター出し
33	LS	D	③	2.7	ホテル・会見場	北杜市・八ヶ岳ロイヤルホテル	美夏、鈴木を問い詰める	彩	藤	鈴				美			趙			夢野猿	撮影クルー、会見スタッフ、記者	
35	LS	D	③	1.5	ホテル・会見場	北杜市・八ヶ岳ロイヤルホテル	逃げ出す彩未と藤本	彩	藤	鈴				美			趙	金	翔	夢野猿	撮影クルー、会見スタッフ、記者	
25用	LS	D	③		テレビ画面素材（ラーメン屋・中）	北杜市・八ヶ岳ロイヤルホテル	ラーメン啜ってるテレビで記者会見	彩	藤	鈴				美			趙	金	翔	夢野猿	撮影クルー、会見スタッフ、記者	テレビ画面（ローカル番組→記者会見ニュース）
27用	LS	D	③		テレビ画面素材（ラーメン屋・中）	北杜市・八ヶ岳ロイヤルホテル	お代を置いて駆け出す彩未	彩	藤	鈴				美			趙	金	翔	夢野猿	撮影クルー、会見スタッフ、記者	テレビ画面用
33用	LS	D	③		テレビ画面素材（川口家・リビング・中）	北杜市・八ヶ岳ロイヤルホテル	テレビ見て吹き出す由香	彩	藤	鈴				美			趙	金	翔	夢野猿	撮影クルー、会見スタッフ、記者	テレビ画面用
36用	LS	D	③		テレビ画面素材（川口家・リビング・中）	北杜市・八ヶ岳ロイヤルホテル	混乱する川口家	彩	藤	鈴				美			趙	金	翔	夢野猿	撮影クルー、会見スタッフ、記者	テレビ画面用
42用	LS	D	③		テレビ画面素材（道の駅・食堂）	北杜市・八ヶ岳ロイヤルホテル	テレビで騒動になっている	彩	藤	鈴				美			趙	金	翔	夢野猿	撮影クルー、会見スタッフ、記者	テレビ画面用

セブンティーン、北杜　夏　　冨樫組

8月16日（火）　本隊7:30出発　　先発6:15出発

8:30開始

場面	S#	D/N	場面	川口彩未	藤本源気	鈴木治	岡本茉莉	同級生男子	地学教師	後輩	金山	翔	備考
北杜市・甲稜高校・正門	3	M	高校・正門前	彩				男					EX6 彩未自転車
北杜市・甲稜高校・自転車置場													EX21 彩未自動車
北杜市・甲稜高校・1年2組	4	D	高校・教室・授業中	彩			茉		地				EX25
北杜市・甲稜高校・弓道場	5	D	高校・弓道場	彩			茉		地	後			EX13　弓道
北杜市・甲稜高校・正門	21A	M	高校・前の道路	彩	藤	鈴	茉				金	翔	EX10　豆腐屋自転車、茉莉自転車、鈴木車（運転吹替）
北杜市・甲稜高校・正門	45	SKY	高校・正門前	彩	藤								豆腐屋自転車△

出発／迎え時間	集合場所	俳優部	現場開始
6:15	宿舎玄関	堀　春菜（川口　彩未）	8:30
6:15	宿舎玄関	平井　亜門（同級生男子）	8:30
6:15	宿舎玄関	太田　唯（岡本　茉莉）	10:00
6:15	宿舎玄関	渡辺　樹里（地学教師）	10:00
11:00	甲稜高校支度部屋	増田　優子（後輩）	13:00
11:30	宿舎玄関	本間　淳志（藤本　源気）	14:30
11:30	宿舎玄関	斉藤　歩（鈴木　治）	14:30
12:45（昼食済）	JR長坂駅	森羅　万象（金山）	14:30
12:45（昼食済）	JR長坂駅	柳内　佑介（翔）	14:30
8:00	甲稜高校正門	EX（外部）6	8:30
8:00	甲稜高校支度部屋	EX生徒（甲稜高校）男6女9	9:00
9:30	甲稜高校正門	EX（東京）3	10:00
11:00	甲稜高校支度部屋	EX弓道部13	13:00

【甲稜高校】
〒408-0021
山梨県北杜市
長坂町長坂上条
2003

支度場所
甲稜高校
1階応接室

EX待機場所
甲稜高校
自習室

鈴木車　14:30入

※弓道部
9-11練習

日の出

日の入

優陣は演出部を中心に「ホン読み」を行います。1冊の脚本をト書きも含めて全シーン読み合わせていきます（この段階で字が読めない、単語の意味がわからないなどは論外です）。若い俳優は自分の台詞をしゃべることに精一杯になりがちですが、ここで一番大切なことは「共演者の声を聞く」ことです。映画全体のトーンを音で感じるのです。

「クランク・イン」と「クランク・アップ」

セット設営や諸準備が終わると、いよいよ俳優が現場に入り、実際に撮影を開始する、クランク・インです。撮影はサード助監督が打つ「カチンコ」で始まります。チーフ助監督が毎日のスケジュール（通称「日々スケ」）を作成して、撮影終了後に全スタッフに配布していきます。

その後、撮影が全部終了することを、クランク・アップと呼びます。

スタジオで明確になる俳優の演技力！「編集」作業

撮影した膨大な量の本編データを映画館で上映する長さの作品にまとめていく作業

が編集です。監督の指示のもと、具体的なオペレート作業は編集技師が行います。編集作業は大きく分けて①監督がベタ付きで行う、②編集技師にある程度おまかせする、という2パターンがあります。編集時間はさまざまで、半月くらいから数ヶ月かかるものもあります。

俳優は撮影が終われば現場の仕事は終わりますが、その後、撮った映像がどのようにつなぎあわされていくかを知るために、俳優も一度は編集作業を見学しに行ってみましょう。プロデューサーや監督に事前に確認を取れば大抵の場合、許可してもらえるはずです。特に見てほしいのは、撮影素材をつなぎ合わせただけの「ラッシュ」と呼ばれる映像です。その時点で、「使える演技」と「使えない演技」はきっと一目瞭然でしょう。なぜなら、「使えない演技」はあまりにもテンポが悪く、映画の流れを妨げているからです。そこから編集スタッフの手によって演技の間を調整し、違和感のない演技に見えるように変えていきます。もちろん、素晴らしい演技であれば、なるべく編集で手を加えずに使いたいという気持ちにさせてくれます。さて、あなたの演技は「使える演技」になっているでしょうか？　編集のプロのジャッジを確かめてください。

また、小さい役を演じた俳優は「監督は、自分の演技までちゃんと見てくれているだろうか？」と心配になっているかもしれません。でも編集スタジオに行けば、その答えがわかります。「ちゃんと」どころか、全ての俳優の演技は「念入り」かつ「厳格」に、「幾度となく」、見られています。名もないエキストラに至るまで、画面に映っている俳優の演技はすべて漏れなく、監督の目に入っています。どんな小さな役でも、的確な反応や表情が映っていれば、編集現場で話題になることもしばしばです。だから、俳優はカメラに映る以上、どんな小さな役であろうと油断できないのです。

「音楽制作」～俳優も歌唱力を鍛えよう

編集が終わり、最終的に尺が決まった映像は音楽にも送られます。音楽家は先に主なテーマ曲の制作に着手しはじめ、映像が届くと、具体的にシーンごとに音楽をつけていきます。音楽家は1本の映画で通常20～30曲近くを作曲します。

『乙女のレシピ』ではミュージカルシーンがあったため、オリジナル曲のレコーディングに俳優も参加していただきました。そこで感じたことなのですが、俳優ならばカラオケではない、本物の歌唱力を身につけておくべきです。歌手の真似をして、それっぽく歌うことはできても、正確な音程かつ十分な声量で歌うことはできない人が多いのです。歌唱トレーニングは、発声やリズム感など演技にも影響する部分が鍛えられるので、俳優も取り組んでみて損はないと思います。

「整音」「音響効果」～声だけでわかる俳優の技量

最終的に尺が決まった映像は、音楽と並行して、音の仕上げを担う録音部、音響効果部のもとに届けられます。録音技師は台詞と音楽を、音響効果はそれ以外の音を担当します。音響効果の作業にはライブラリと呼ばれる音の素材集から画にあわせて音を付けていくハリツケと、人物の動きにあわせて足音などを録音していくフォーリーがあります。また、撮影中に同時録音できない音（VFXを使ったシーンの音など）や、物語の場所や世界観をあらわす環境音もそうしたハリツケやフォーリーを用いて音響効果部が制作します。そして編集、整音された音は、最後に台詞・音楽・効果音とのバランスをスタジオで調整し、映画の音ができ上がっていきます。

私が俳優の演技の評価として、信頼を置いているのが録音技師の意見です。なぜなら誰よりも俳優の「声」を聞いているからです。劇場で観客が聞き取れるレベルかどうかの観点だけでなく、脚本の意味を理解している台詞の発し方（息づかいやテンポ等）なのかもチェックしています。撮影中の録音技師は俳優の演技を直接見ることができないケースが多いのですが、声だけ聞いていれば俳優の技量はたいていわかってしまうそうです。私もスクールの授業をやっている隣の部屋で、俳優の声だけを聞いていることがよくあります。本当に上手い人は、息づかいや話すテンポが絶妙なもので、実際に演技を見ていなくても十分にシーンの情景が目に浮かんでくるものです。

現場の事情で俳優の台詞が収録できなかったり、聞き取れなかったりすると仕上げ時に録音部から呼び出され、「アフレコ」と呼ばれる声のみの再収録を行います。

「試写」「宣伝」で映画を見ている観客の顔を見よう

でき上がった映画をより多くの人に見てもらうために、映画宣伝の担当者は、広告を打ったり、メディアに記事を露出させたり、試写会を行ったりします。このような宣伝業務は配給会社が行うか、もしくは宣伝会社に委託されます。

映画の宣伝時に俳優ができることは自らの声を発信することです。映画の顔である俳優が、積極的に作品を観客にＰＲすることはとても大切なことです。映画を多くの人に見ていただくまでがものづくりの仕事であることを、決して忘れないでください。

そしてその映画を見てくださる人の顔を、よく観察してください。どんなシーンで、どんな年代の人が、どんな顔をしてスクリーンを見ているのか。ものづくりに関わった一員としては、そこをちゃんと自分の目で確かめることが重要です。

映画が公開されても、時間があれば映画館に足を運んでみてください。できることならば映画を見終わった方一人一人に、感謝の気持ちを伝えましょう。そこには何か気づきのようなものが必ずあるはずです。映画や作品に出て終わり、ではなく、その後からも学べることは多いのです。

自分の言葉を持っているか？「作品の公開・舞台挨拶」

そしていよいよ映画が公開となります。メインキャストとして出演した場合は舞台挨拶に呼ばれるケースがありますが、観客に直接あなたの声を届けることができるいい機会なので、積極的に参加してほしいと思います。ただし、ここで話す内容には注意が必要です。

最近のMCは現場でのエピソードや撮影の裏話を必ずと言っていいほど聞いてきますが、私は、そんな内輪だけ盛り上がれるような他愛もない話はわざわざ人前で話さなくても、SNSで発信しておけば十分だと思っています。それよりも、この作品はどんなメッセージを発していて、俳優として参加したあなたはこのメッセージをどう受け取り、何を観客に届けたいと考えたのか、ということを、俳優が自分の言葉で話すことが何より重要ではないかと思うのです。

海外の映画祭に行くと、日本の俳優があまりにもこういった話をしないのでメディアから馬鹿にされるケースも多々あります。テレビで騒がれるようにと、タレントの真似をする必要はありません。ものづくりメンバーの代表として、しっかりと作品をアピールできる俳優になってほしいと思います。

次も現場に呼ばれる俳優には共通点がある

ここまで、映画の各部署（パート）やスタッフのこと、映画の制作工程についてと、俳優にとってどんな関わりがあるのかについて、書いてきました。これだけでもだいぶ、作品（映画）づくりのことは見えてきたかと思います。この知識を持って制作現場に行くと、大勢のスタッフがただバタバタしているだけではない、これまで見えてこなかったスタッフの動きまでも、手に取るようにわかるはずです。状況を把握して効率よく動けている人、そうでない人も見えてくるでしょう。そうなるとあなたは同じチームの仲間を手伝ってあげることができるし、辛そうにしている人に元気が出る一言を掛けてあげることもできるようになると思います。

私が実際に現場で関わった俳優さんのエピソードを紹介します。かつてはパンクロッカー、現在は個性派俳優として数多くの映画に出演されている田口トモロヲさんのことです。映画『1＋1＝11』（矢崎仁司監督）でご一緒させていただきました。撮影日、田口さんには早朝から待機してもらっていたのです。しかし、撮影が予定通りに進まず、結局深夜まで及んだのですが、田口さんはその間、文句一つ言わずにずっと待機室で静かに映画雑誌を読まれていたのが印象的でした。また、『校庭に東風吹いて』（金田敬監督）主演の沢口靖子さんは、現場でトイレットペーパーなどの消耗品が切れていることをスタッフにそっと教えてくれたりしました。小規模の現場で、数少ないスタッフが忙しそうにしているのを見てくれていたからこその気づかいでした。

田口さんや沢口さんのようなキャリアのある人が、率先して現場のためになる行動やサポートをしたりしてくれると、ありがたく思うのと同時に、現場の雰囲気がいっそう引き締まるのを感じました。

大切なことなので繰り返し言いますが、映画や、作品とは、大きなものづくりです。

昨今の制作現場は潤沢な予算や時間があるわけではないので、スタッフを動かす原動力となっているのはものづくりの喜びを他のスタッフと共有できることなのです。あなたが俳優として、たとえ演技がどれだけ上手でも、ものづくりを一緒にやっていきたいと感じさせてくれる人でないと、現場に呼ばれることはありません。

昔、阪本順治監督が「あるオーディションで狂人をやらせたら面白いと感じた俳優に出会ったことがある。人間として興味深かったが映画という長期間の場で一緒にコミュニケーションをとりながら作品を作り上げていくイメージが持てなかったので、採用を断念した」と仰っていたことがあります。この阪本監督の感覚は特別なことではなく、映画という大きなものづくりに関わる人であれば、誰でも同じ判断をするだろうと思います。

エキストラでも、現場に参加するべきか？

通行人や店の客など、映画に登場するけれども役名がついていないキャストたちを「エキストラ」と呼びます。エキストラ出演のときはエンドクレジットに名前が載らないことも多く、ギャラが支払われるケースも少ないです。

「エキストラでも参加したほうがいいですか？」という質問をよく新人の俳優から受けますのでお答えしますと、まず、最初に言っておきたいのは、エキストラとして現場に参加することで、俳優としての演技スキルが上達することは一切ありません、ということです。監督が俳優に演出をしている場面すら見ることができない場合もあるでしょう。そして、エキストラとして現場に参加した実績が多くとも、それが俳優としての評価につながることもないと思ってください。

それでも、映画やドラマの制作現場に俳優として参加した経験が少ない人は、エキストラでも参加することをお勧めしています。それは、現場のスタッフたちがどのように動いているかを自分の目で見て知ることができるというメリットがあるからです。

そのためには、事前に、前項で紹介したような各パートやスタッフの役割や制作工程の知識を頭に入れておきましょう。そして、実際の現場では、できるだけ多くの人の動きや表情などをじっくりと観察してきてください。メインスタッフやキャストがどこにいるか見失った場合は、まずカメラを探すことです。撮影現場の中心には必ずカメラがあるからです。どんなスタッフが誰の指示で動き、各技術パート間はどのような連携をとっているのか、全体の雰囲気はどうなのか、ワンシーンを撮影するのにどれだけ時間をかけているのか、じっくり観察してみましょう。一つではなく、複数の現場を見て比べてみることで、共通するスタッフの動きなども見えてきます。誰が効率よく動けていて、誰が動けていないかまでも見えてくるでしょう。そこまでいくと、いざあなたが俳優として現場に入ったときに必ず役に立つはずです。

エキストラとはいえ、拘束時間は長いですから、何も考えずに参加するだけでは、あまり収穫のない時間を過ごすことになってしまいます。ぜひ、機会があれば、現場の全体の動きを、「製作者側の視点」で見てきてください。

現場では多くの人から「聞く」。現場受けする俳優は仕事が続く

撮影現場ではたくさんのスタッフと共有できる時間があります。撮影の合間や移動中の時間もそうです。中には、自分一人の時間に集中したいということで本を読んだり、音楽を聴いたりする人もいますが、それは売れっ子になってからでいいでしょう。新人俳優にとっては、普段仕事がない限り会えない人ばかりなので、できるだけこの時間を有効に使いたいものです。

私がお勧めするのは、監督にしろ、スタッフにしろ、誰のもとでどんな作品に携わってきたかということを、しっかりと聞いておくということです。自主映画を作っ

てきた監督であれば、どんな作品をやってきて、今後はどんなことをやりたいのかを聞いてみてもよいでしょう。「何を話せばいいのかわからない」という人とでも、大丈夫です。映画の現場であれば、映画が共通言語になってくれます。「どんな映画が好きですか？」と聞くだけで、いくらでも話は広がっていきます。そのためにはあなた自身もたくさんの映画を見て勉強しておくことが大前提ですが……。もちろん、あなた自身のこともきちんと話せたほうがいいですが、まずは他人に関心を持って「聞く」ということを徹底的にやってみましょう。こういった現場での地道な積み重ねが俳優としての力を築いていくことになります。

最近の若い俳優は特に、現場でのコミュニケーションを軽く見ている傾向があるように思います。あるいは、本人たちにそんな自覚はなく、性格が内気だったり、周りのスタッフに配慮して大人しくしているだけなのかもしれません。

以前、映画24区トレーニングで学んでいる若い俳優と、ベテラン俳優の寺田農さんが撮影現場で一緒になったことがありました。本来なら若手から挨拶に出向くべきところですが、彼らは緊張からなのか、それとも先輩の邪魔をしてはいけないと思ったのか、一度も声を発することなくつっ立ったままでいました。非常にもったいないことです。ひょっとしたら大先輩から貴重な経験やアドバイスを聞かせてもらえたかもしれません。それに、周りのスタッフはどんな目でその若い俳優を見ていたことでしょう。

声を大にして言いたいのですが、現場スタッフは俳優のことを非常に観察しています。あなたが現場に出向いたときは、その一挙一動が誰かに見られていると自覚しておいてください。演技の良し悪しはもちろんですが、現場でどんな態度だったのかは、スタッフの印象に残ります。そして、あなたに与えられた評価は、すぐに広まります。特に日本映画では、少数精鋭のスタッフが複数の現場を掛け持ちしている狭い世界なので、スタッフ同士のつながりは強く、情報交換も頻繁に行われています。あなたの知らないスタッフにまであなたの評価が伝わってしまうことも珍しくありません。

何も「悪い噂はすぐ広まるぞ」と怖がらせようと思っているのではありません。逆に、一つの現場で良い評価を受けたなら、業界全体へのアピールになるということでもあるのです。

現場の声は、俳優の仕事を後押ししてくれます。何しろ、一緒に仕事をするのは現場スタッフなのだから、彼らの声には信憑性があります。現場受けする俳優になると、自然と仕事が続いていくでしょう。

映画のメイキングから、ものづくりを学ぶ

最後に、現場に行けなくても、自宅でものづくりの感覚を養える術を教えましょう。それは映画のDVDの特典になっているメイキング映像です。本編だけ見てわざわざ特典映像まで見る人は多くはありませんが、俳優にとってはとても勉強になります。監督がどのような演出をしているのか、俳優やスタッフはそれに現場でどう対応しているか。本編が作られた経緯の一部を垣間見ることができるわけです。

ここで、DVDの特典映像ではありませんが、これまで映画24区トレーニングで俳優たちに見せてきた映画を2本、紹介しましょう。1本は深作欣二監督の『バトル・ロワイアル』の撮影現場に密着したドキュメンタリー映画『映画は戦場だ』です。70歳の深作監督の映画に対する執念と、それに応える若い俳優やスタッフのエネルギーが「映画」という戦場の中でぶつかり合っている様を捉えている良作です。この作品、柴咲コウさんや栗山千明さんといった、現在ではスターになった俳優の若かりし頃が見られるという意味でも、非常に貴重です。無名の俳優だった彼ら、彼女らが監督の熱に感化され、気持ちのこもった演技を引き出されていく過程は、圧巻です。

もう1本は木村大作監督の大ヒット映画『劔岳　点の記』の過酷な撮影の様子を捉

えたドキュメンタリー映画『劔岳　撮影の記』です。１００年前に日本地図完成に人生を賭けた測量隊の真実を描くために、監督は徹底したリアリズムにこだわりました。実際に劔岳に登り、ＣＧに頼らず大自然を映し出そうと試みたのです。文字通り「前人未踏の撮影」を経て完成された映画の全記録で、この映画づくりに賭けたスタッフ・キャストの燃えるような思いが詰まっています。一丸となって過酷な撮影に挑む彼らの姿からは「ものづくり」の本当の意味を学べることでしょう。いずれも俳優としてやっていこうと思う人は必ず見ておくべき1本です。

以上、ものづくりの感覚を養う必要性を書いてきました。多くの人間が試行錯誤を繰り返しながら一つの作品が形になっていく喜び、そしてでき上がった作品がこれまた多くの観客に見ていただける喜び。これら「喜びの共有経験」を積み重ねていくことで、俳優という仕事に対して、辛いときも苦しいときも乗り越えていこうという意欲と勇気が湧いてくるものです。しかし、この章で書いてきた制作工程や各スタッフの役割など、ものづくりの基本的な知識や感覚が備わっていないと、そもそも「喜び」にすら気づくことができないのです。若いうちにしっかりと勉強して、俳優として本当の意味でのスタートラインに早く立ってほしいと思います。

Interview №1

撮影スタッフに聞く

「こんな俳優と仕事をしたい」

鈴木周一郎
Shuichiro Suzuki

撮影技師。1977年生まれ。東京都出身。明治学院大学文学部卒業後、日活芸術学院へ。在学中から撮影現場に参加。佐々木原保志氏に師事して現在に至る。主な参加作品に『夏がはじまる』（冨樫森監督、2013）、『おしん』（冨樫森監督、2013）、『あしたになれば。』（三原光尋監督、2015）など。

撮影部の仕事とは

企画されたものに対して脚本が作られて、予算やスケジュール（配役・準備・撮影・仕上げ・公開）など、諸々の調整が行われます。そして撮影に入れるぞという見通しが立ち、ロケハン・美打ち・衣小（衣裳と小道具）合わせ・キャメラテストなどの撮影準備が進められます。ぼくの場合、仕事を正式に依頼されるのは撮影に入る見通しが立ったあたりが多いですね。長く付き合いがある監督の作品ではもっと早めに声を掛けて頂いて、企画段階に近い脚本を読んでくれと頼まれることもあります。プロデューサーや監督による依頼がほとんどですが、時には知り合いのキャメラマンから紹介される場合もあります。脚本はぼくらの手に渡る頃から台本と名前を変えて、その段階では台本の準備稿が出来上がっています。撮影時には決定稿が使われますが、まずは準備稿を読むところから作品への関わりが始まります。その時点でキャスティングが決まっていることもあれば、そうでないこともあります。すでに決まっている場合は、登場人物像に関してその俳優をイメージして読んでしまったりもしますが、あくまでもそれは単純に顔だけのことであって、役者さんのフィルモグラフィーによる芝居云々のところではありません。基本的には役者が誰であるということは問わず、物語における登場人物としての役割を読み解いていくようにしています。強く意識しているわけではありませんが、作品は作り手よりも観る者によってこそ、彼方への可能性の旅に送り出されると思っているので、そういう読み方をしているのでしょう。

そしてロケハンです。撮影しやすい環境であるのと同時に、描かれるべくシーンに相応しい場所を事前に製作部が探してきています。まずはメインスタッフを中心にその場所に赴き、各々の感覚とともに監督がそこで何をみて感じているのか、周りのスタッフたちは言葉で交わされないことも汲み取ります。撮影的な観点ではキャメラの引き尻、照明の設置場所、日の周りなどいろいろと考えますが、結局はそこに決定的な重要性はなくて、そのロケーションに監督が頷けばそれが何よりなのです。場所が呼吸しているのを感じることがロケハンでの大きな収穫となります。現場は生きものなので、撮影当日にその呼吸の仕方が変わることもあります。その時にはそれを利用すれば良いのです。

衣小合わせで俳優の提案も聞きたい

オーディションや稽古がある場合を除いて、作品制作の中で役者さんが監督やキャメラマンに最初に会うのは衣小合わせの時でしょう。衣裳や小道具を合わせるだけではなくて、そこでのやり取りは監督によってさまざまです。何のことだかわかりませんが「どうですか」と意味深に聞く監督もいれば、「こういう想いで本を書いた」「こういう作品にしたい」と熱く語る監督もいらっしゃいます。衣小合わせ前はスタッフのみでの準備作業が続いておりますので、役者さんとの接触はそこが最初の一歩目になるわけです。そこで少しでも作品の糧となる良い案を探るべく、我々としてもコミュニケーションを取りたいと思っています。役者さん側からの提案・アイデアがあるならば、すごく聞きたいものです。衣裳合わせ時の会話は作品にとって、とても有効なんです。台本の最新稿が前日に上がっていたとしても、多忙な役者さんに限ってしっかりと読み込んでいたりするものなんですよね。スタッフとしっかり意見交換するためにでしょう。

俳優の芝居をみて、型にはめずに撮る

組によって異なり、「カット割り」は監督がすることもあればキャメラマンがすることもあります。ぼくの場合、基本的には撮影当日に現場で芝居の段取りをみてからカット割りをします。もちろん、台本を読んだりロケハンをしたりの時点で画のイメージをもつこと

もあります。こういう背景を抜けにしてだとか、キャメラがクレーン・ワークをしたりだとか、光と影、美術のことだとか、特別な意図があって準備が必要なものに関しては事前の想定をします。撮影前に台本にカット割りを書き込む人もいますが、ぼくの場合はほとんどしません。そこまでしてしまうと画が机上のものになってしまい、生きてこない気がするからです。事前に想定した画に芝居をはめようとすると相剋です。両方とも死んでしまって失敗するケースも経験してきました。だから画を事前に固めるよりもまず俳優の芝居をみて、型にはめないようにというやり方をしています。台本を読んで、ここで「寄りがみたいな」という想定があったとしても、いざ芝居をみてみると間違っていたと気づかされることもあります。

俳優とキャメラマンの理想的な関係

去年は深夜の連続ドラマを撮ったりもしました。無邪気で愛嬌のあるお芝居が盛り沢山で、ファインダーを覗いていてかなり見入ってしまうことがありました。引き画の長回しで充分なんです。良い芝居だからといって必ずしも引き画の長回しでOKというわけではありませんが、あの独特な間合いだとかはカットを割ってしまうと崩れてしまう。また、芝居に間がないけれどそれがどうしても必要だと感じた場合は、カットを割ることによって「編集上の間」を作り出せる可能性を仕上げ作業に残したりもします。その方法で逆にテンポ感を作り出すこともあります。

技術スタッフは役者さんの芝居の部分に関しては意見をしません。同じように、役者さんがスタッフの技術的な部分に関してものを言うのを聞いたことはありません（我々が耳を塞いでいるだけかもしれませんが）。この関係性は意見することに消極的だとか分業だからということではなくて、双方言わせない程の真摯さや思考・感覚をもって作品に接しているという、恥ずかしながらお互いへの尊重というものの元に成立しているのかもしれませんね。言葉のやり取りではないところで意見交換が行われることはあると思います。先程のドラマのことで言えば、このくだりはカットを割らなくてもいけますよ、と芝居が物語るように。我々もそれに応える感じでしょうか。また、例えばお芝居の中で手の仕草があったりだとか、技術スタッフが台本からは読み取れない部分の芝居を見せてくれる。生きた芝居に対する喜びを感じます。そんなところにこの仕事をやっている至福の瞬間を感じたりもするんですよね。「ここは寄り画を撮ろう」、「レール移動車を使ってトラック・アップだな」、「暗部をもっと落とそう」だとか、芝居に感化されてキャメラや照明は誘導されることがあります。もちろん技術パートから示す提案もあるわけですが。

余白がある台本は現場に可能性を広げてくれます。よく言われることですが、その余白＝行間をどう読むかで作品の行方は大きく変わってくるわけです。ぼくが携わる作品の多くでは、監督がカット割りを任せてくださる場合が多いのですが、結局そのカット割りは演出による芝居に導かれていることが多いですね。演出の延長線上に芝居があって、ぼくがキャメラで覗いているものはそれを汲み取って構成しているに過ぎない。でも、それって実は役者さんとキャメラマンの理想的な関係なのかもしれません。

本番で一番良い芝居をみせてもらうために、段取りやテストで全てを出し切ってしまってもらうわけにはいきません。だから本番の一番良いお芝居を期待できるところで逆算されて段取りやテストは終わります。キャメラポジションやライティングの都合で役者さんに事前にお願いする立ち位置がありますが、勢いがあるお芝居などでは本番でその位置が変わることもあります。位置を気にしすぎてしまうと勢いがなくなってしまいます。そこはこちらでもしっかりと対応できるように準備を行います。こちらとしてはお芝居が全てですからね。段取りやテストの大切さはそこにあります。「動き」を確認するのではなくて、そこでの「芝居の延長にあるもの」に眼差しを向ける。役者さんの中にはキャメラの都合を考えてくださって「どの位置がいい？」と尋ねてくる方もいらっしゃいます。ぼくなりの答えはあるのですが、逆に「どこだったらしっくりきます？」とか聞くこともあります。対峙するふたりの距離感だとかは、まさにそこで芝居の「間」に直面している役者さんこそが感じ得ていると思うんですよ。場所的な位置じゃなくて、どれだけの距離感・空気感をそこに挟むのかということですね。

クランクアップ、その後

クランクアップ後には撮ったものに対して「仕上げ」の作業を行っていきます。まずは編集。編集作業とそのラッシュ試写が数回繰り返されます。編集部さんは基本的には現場に立ち会いません。撮影と並行してＮＧ抜きをしたり、カット順に撮られていないものを並べ変えたりなどの作業をしたりもするからです。そのため、撮影された素材を客観的にみることができます。ぼくも編集作業に顔を出すこともありますが、編集室に居座わって意見を言い過ぎるのも駄目なんですね。現場の視点で、「こっちのカットやテイクを使いどころにしたほうが面白い」などと口を出したくなるものです。もちろんキャメラマンは撮影中に作品の全体像における客観的な視点をもっているのですが、編集時、現場にいた者の意見ってその時の思い入れが強くて独りよがりになることがあります。編集部さんは作り手であるのと同時に現場に対して客観的な視点をもっている。それが作品に対して大きな力になるんですね。作品の可能性は観る者がもっているので。

編集が終わって画が繋がった後は、タイミングあるいはグレーディングの作業などで色味やコントラストなどを調整していきます。フィルムやデジタル、撮影・仕上げ素材の形式によって扱う機材も異なりますのでそれぞれを扱う職人がいます。ぼくの場合はその方たちにも撮影前に台本を読んでもらって感じたことや、繋がった画を観て感じたことなどを新たな視点で反映してもらっています。

映像になって出来上がったものをみると、現場でみていた芝居より表現が半減しているとか、逆に誇張してみえてしまっているとかいろいろなケースがあります。現場にてキャメラが芝居の呼吸を感じ得ることができなかったり、客観性の加減を失っていたことが主な原因でしょう。

役者さんの中には潜在的にそして繊細に、

お芝居がどう映るかを感じ取っている人がいると思います。フレームに入ってはいけないライトなどの照明機材があそこにあって、マイクがこの位置から出ていて、美術部があの背景の装飾を動かしていていてなど、そういうのを何となくみていたり感じていたりすると基本的に撮っているサイズ感は分かるものです。それを自然と感じ取っているであろう役者さんがいる。「寄りで撮っているから表情でみせよう」とか、逆に「ここで寄りはあざといからあまり表情を変えずに」とか、「視線の動きをこうしたら面白いんじゃないか」とか。あるいは「引き画で撮っているだろうからこんな仕草で身体の動きを入れよう」とか。きっと潜在的な意識の中で自然と思考しているような気がするんです。その思考がみえてしまうと器用さが露呈して芝居の呼吸感は失われてしまう。だからとても繊細。現場でスタッフの動きをよくみているし、聞いているんでしょうね。それが良いことだとか絶対的に必要なことだというわけではありませんが、良い意味で余裕を感じるというか、ゆったり構えている印象をもちます。スタッフもどんな役の方であろうと役者さんのことをよくみていますよ。相当デリケートな部分であまり口にしないんですが、手前の役者さんの動き次第で奥の役者さんの位置がどうしてもダブってしまうケースがあります。レンズがみえる位置に来れば顔は映りますので、それを繊細に芝居に馴染ませてくれる方もいます。その位置調整なんかもやりすぎちゃうと「あ、みえる位置に来たな」って思ってしまいます。

「少しでも作品を良くしたい」と思うこと

今回、この本の企画書をもらった時に、「伸びる俳優とは？」という質問項目があったのですが、「伸びる」って何だろうと。いわゆる売れている人でも紋切り型で伸びきってしまっている感じの人もいますが、むしろそれがとても心地良かったりする場合もあります。伸ばす方向と伸びる方向があって、どの方角を向くか。それって作品によって違って良いと思うんです。これが作家より作品がもつ力の可能性で、作るほうでも観るほうでもそれに出会う至福に繋がるわけです。どんな役柄や部署であろうと、この仕事を続けられている人って作品の中で観る人を多かれ少なかれ魅了させているところがあって、作品に貢献していると思います。観てもらうには良い作品に巡り会うことも必要だったりもしますが、例えそうでなくても良い作品にすればいいじゃないかと。

ぼくのモチベーションも、少しでもこの作品を良い作品にしようっていうところにあります。これは撮影助手の見習いの時から備えている気持ちです。台本を貰って、これ、誰が観るんだろう、と正直思う作品もあります。それをお客さんに観てもらえる作品、良い作品にしていく。そこにこそぼくの伸び代があるのかな。作り手である限りそれはみんなについて同じことが言えるんじゃないかと思いますね。

PART. 2

脚本を深く読み解く

俳優は映画というものづくりに演技で貢献する専門職です。では、どのようにすれば俳優は、実際に演技力を鍛えられるのでしょうか？　野球選手が毎日バッティングの素振りをするように、俳優にもまた毎日繰り返し行える訓練があるのです。

その前に、まず俳優が鍛えるべき部分とはどこか。それは「身体」と「頭」です。「身体」とは、役に合った容姿や運動神経、発声など、肉体の全てを意味します。肉体は磨けば光り、鍛えれば強くなるのが目に見えてわかるので、鍛えていて充実感を抱きやすいと言えます。日本の俳優も「身体」を鍛えることにみんな積極的です。

しかし、もう一つの「頭」まで鍛えている若い俳優は、残念ながらほとんどいないのが現状です。現場で演出の意図がきちんと理解できない。そもそもシーンの目的や登場人物のキャラクター設定が根本的に間違っている。大げさではなく、そんな俳優は実は後を絶ちません。全ては「頭」が備わっていないからです。これは「学校の勉強に使う頭」のことではありません。その作品を正しく理解し、具体的な演技プランを導くための「俳優に必要とされる頭」のことです。一般の人と同じような生活をしていたら、「俳優に必要とされる頭」は、一生鍛えられることはないでしょう。だからこそ、専門的な訓練が必要です。そして、俳優の「頭」を鍛えるために最も大切なことは、まず、「脚本」を勉強することなのです。

あなたの手元に届いた1冊の脚本。一見、紙にズラズラと文字が書かれただけの冊子ですが、あなたに届くまでには、多くの人が汗水や涙を流しながら……と言うとや大げさになりますが、それでもプロデューサーや脚本家、監督らが長い時間と労力を惜しむことなく費やし、映画・映像化への情熱と執念で、作りあげられ、書きあげられたものなのです。

PART1では作品づくり全体の流れと、各制作工程における俳優の関わりについて触れましたが、PART2でも映画を例に、俳優が関わる以前の企画の開発工程における「脚本づくり」について、詳しく見ていきましょう。

「脚本の重み」をまずは知ろう

さて、映画の企画立案から始まっていざ公開までにかかる時間を、一般的な水準で仮に「3年」とします。このとき、一体どれ程の時間が「脚本」の開発に費やされると思いますか？　実は、「2年」です。

映画は、規模や目的によってさまざまなタイプがありますので、一概には言いきれませんが、大抵の場合は、製作期間全体の約2／3程度もの時間が、脚本開発に費やされています。最も多くの時間が割かれているのです。

脚本開発の中で、脚本家が一番初めに書きあげた原稿は「初稿」と言います。この初稿をもとに、脚本家はプロデューサーや映画監督と喧々諤々の議論を行いながら、2稿、3稿、4稿……と、修正作業を繰り返していきます。10稿を超える場合も少なくなく、脚本の産みの苦しみは相当なものです。

そして、基本構成や登場人物が概ね固まってきた脚本を「準備稿」と言い、スポンサー営業やキャスティング、スタッフィング、ロケハン等の準備に使用するようになります。

そして、キャスト、ロケ地、予算等による事情を考慮して最後の修正を行い、これ以上変更ができない状態の原稿を、「決定稿」と言います。ここにきて、晴れて俳優の手に届けられるのです。いかに脚本ができるまでに手間がかかっているか、この重みをまずは知ってください。

今の俳優は脚本に対してよっぽど意識的でいないとその重みを感じとることが難しい環境下にいます。撮影所システムが崩壊したことも大きな要因の一つでしょう。かつて、日本映画は東映、松竹などの映画会社が専用の撮影所を持ち、良質なスタッフや俳優を囲い込んで作品を量産していた時代がありました。撮影所システムが機能していた当時の俳優は、監督や脚本家の付き人として脚本づくりに駆り出されることも多く（プロットを書かされるケースもあった）、おそらく意識せずとも脚本開発の大変さや、重要性を肌で感じ取っていたのだと思います。

時代は変わっても、自分の手元に届いた脚本は多くの人の時間と労力が注がれてできた貴重なものであることを、どうか忘れないでください。そうすれば自ずと脚本に対するリスペクトが生まれてくるはずです。脚本との向き合い方が変われば、当然読み方も変わりますし、芝居の質も確実に上がっていくものです。

脚本とは「映画の設計図」

たとえば一般的に家を建てようとするとき、ハウスメーカーや工務店では、建築士が書いた住宅設計図をもとに、施工、内装、設備、インテリアなど建築に必要な技術者たちをコーディネートします。映画づくりも、基本的にはこれと同じです。プロデューサーが、脚本家（シナリオライター）が練り上げた「映画の設計図」とも言える脚本をもとに、演出、撮影、照明、録音、衣裳、俳優、編集など技術を持った職人たちを招集するのです。

「俳優＝技術職」というと違和感を持つ人がいるかもしれませんが、俳優は撮影や照明の技師と同様、演技という、れっきとした技術を持った職人です。決して外見やセンスだけで続けられる仕事ではありません。俳優を志す皆さんは、これから脚本を学ぶ以前に、「俳優」という職業が何なのかをよく知ることが大切です（誤った認識で俳優の真似ごとを始めてしまうと何年経っても成果が出ず、最後は路頭に迷いかねません）。

さて、「映画の設計図」（＝脚本）を受け取ったスタッフたちは、製作者や脚本家、監督らがどのような作品を作ろうとしているのかを理解するために、これと真剣に向き合い、分析して、自分たちのやるべき具体的な作業に落とし込んでいきます。脚本は、小説のように一読者の気分で読むわけでも、使用説明書のように無機質に読めばいいわけでもないのです。どのパートのスタッフもこの「脚本を読み解く技術」がないと、映画の仕事に携わることはできません。脚本が読めないのに映画の現場に参加することは、設計図が読めないのに家を建てようとしたり、楽譜が読めないのにオーケストラでヴァイオリンを演奏するようなものだからです。必ず、全体に迷惑をかけてしまいます。

そこで、まずは、俳優を志す人にとって、ダンスやボイストレーニング以上に、脚本を正確に読み解く技術の習得が超重要だという認識を持ってください。若いときにこの認識を持っているかどうかで今後の成長に大きく影響します。

俳優こそ、誰より高度な「脚本の読解力」が必要

脚本の読解は映画の仕事に携わる全てのスタッフに必要な技術ですが、中でも、特に俳優は、どのパートよりも高度な脚本の読解力が求められます。これはなぜか。

理由は単純で、俳優がどのスタッフよりも脚本と向き合える時間が少ないからです。俳優の手に脚本がわたるタイミングが遅いのですね。

脚本は準備稿ができると、撮影部、照明部、美術部、製作部といったロケハンや、機材や、作り物の準備に時間がかかるパートから配布されます。俳優部にも配られますが、この段階ではまだメインキャストだけです。俳優訓練生や志望者の皆さんがまず目指すべき4番手、5番手あたりの配役が決まるのはもう少し後なので、脚本を受け取るタイミングも遅くなります。一般的にクランク・インの1ヶ月前に手元に脚本があれば早い方でしょうか。2週間前、1週間前、酷い場合は撮影日前日に脚本が届くような現場もたくさんあります。とにかく俳優は脚本と向き合える時間が少ないのです。

監督は脚本家やプロデューサーと企画段階から、作品の時代背景や登場人物に関する本を読んだり、映像を見たり、関連する人に会ったりして、綿密な調査を行っているものです。また、他のスタッフとも準備段階において「何を観客に見せるか」ということを何度も確認しあいながら、具体的な映像のイメージを共有しています。

しかし、俳優は他のスタッフに比べ、脚本を受け取るタイミングが遅い。そこで、脚本に対する理解の遅れをカバーし、自身の努力で本番までに追いつかないといけないわけです。これは大変な作業ですが、誰も代わりをやってあげることができません。スクリーンの矢面に立たされる俳優は、どのスタッフよりも速く正確な脚本の読解力が求められるのです。

参考 脚本の説明図（P.86〜87）

現場に入る前の準備と訓練がすべて

俳優はこのように撮影前に脚本と向かい合える時間が少ないうえ、撮影が始まると現場は更に慌ただしくなり、余裕などは全くなくなります。特に昨今の映像制作はテレビも映画も現場の制作予算が縮小傾向にあって、撮影日数はどんどん削られています。撮影日数が少ないということは、すなわち1シーン1シーンの撮影に時間をかけることができないということです。

映画は1日3~5シーン撮るのが一般的ですが、テレビになると10~15シーン、多いものになると20シーン以上をすごいスピードで撮っていきます。全シーンを時間内に撮りきるだけでも精一杯な状況なのに、俳優の感情を引き出すまで粘るなんて、現場でやっていたらどれだけ時間があっても撮影が終わりません。もちろん、俳優と監督が脚本について理解を共有する、確認し合う時間も、実際現場にはほとんどないのが通常です。

「俳優は現場で学べ」「現場に行けばなんとかなる」と言う人がいますが、基本的に、それは時間的にもお金的にも現場に余裕があった時代の話ではないかと思っています。撮影や照明など、俳優以外のパートは見習いとして現場に入れてもらうことで先輩から教わることは多いと思いますが、俳優においては、主役にでも抜擢されない限り、現場にいても芝居の技術が向上する機会や時間などとってもらえないと思ってください。俳優は現場に入るまでの準備や訓練が全てなのです。中途半端な準備で現場に行ってなんとかなるわけがありません（監督にぶった切られて終わりか、二度と現場に呼ばれることはないでしょう）。万年、警官A、Bのような役で満足できる人は準備などそれほど必要ありま

#19 同・居間（夜）

藤本、飛び出してくる。

藤　本「神谷さん、神谷さん！」

神谷の小さなうめき声。

落ちているプレスリリースを読んで愕然とする藤本。

藤　本「神谷さん！　しっかりしてください！」

神谷、うっすら目を開け、何やら話し始める。

神妙な面持ちで聞いている藤本。

殴られた神谷、藤本の腕の中で気絶する。

藤　本「……」

#20 水源地（早朝）

こんこんと湧き出る湧水。

朝日にきらめく水面を座って神妙な表情で見つめている藤本。

撮影場所

シーンナンバー

セリフ

ト書き

居間＝
スタジオのセットか
ロケか不明

水源地＝
ロケ（屋外）

撮影＝早朝のため
俳優は深夜入り

気絶するほど殴られる＝
傷（特殊）メイクが必要

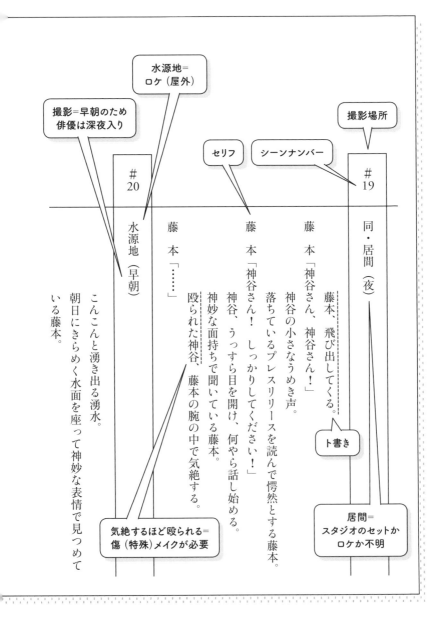

脚本の説明図（映画『セブンティーン、北杜　夏』より）

高校（学校）＝
通常、使用に制約が多く
現場の余裕がない

余白が多く気付いたことを書きこめる

藤本、決心した様に立ち上がり、去って行く。

\#21　高校・前の道路（朝）

茉莉が自転車で走っている中、彩未が追いついてくる。
彩未は豆腐屋の自転車である。
茉莉、笑いをこらえきれない。

彩　未「うるさいなぁ。パンクしたの」
茉　莉「もうその自転車でいいよ」

彩未たちの前に一台の黒塗りの車が停まっている。
鈴木、車から降りてくる。

鈴　木「川口屋豆腐店のお嬢さんですね？」
彩　未「はぁ」
鈴　木「この間はどうも。失礼をいたしました」
と「杉田酒造代表取締役」の自分の名刺を渡す。
彩　未「じいちゃん、大丈夫だったの？」

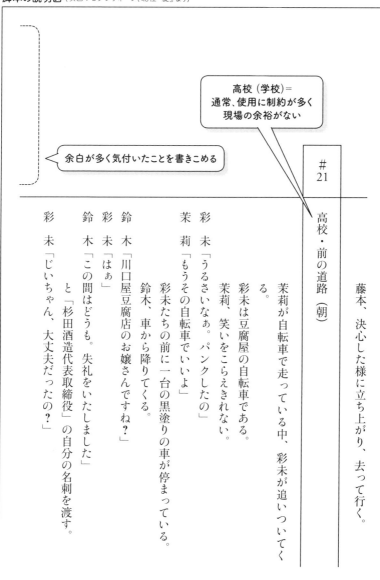

せんが、本書の読者は、俳優としてライバルから一歩抜け出ようと本気で考えている人だと思うので、脚本を短時間で正確に読み解く技術を身につけ、現場で勝負してほしいと思います。

作品の肝をつかんでいるか？

では、脚本を読み解くとは、何をどうすることなのか。後ほど4つのステップでも説明しますが、最終的には、「脚本（作品）の肝をつかむこと」です。これは一言で言うと、「作家が作品の中で表現している世界観を捉えること」です。作品のテーマや、作家が発信しているメッセージを、自分の中で簡潔に言語化できるということでしょうか。

若い俳優の多くは、脚本（作品）の肝、つまり作品の核心を捉えることが苦手です。物語の表層にばかり目がいってしまい、本当にその作品が伝えたいことを見逃してしまうのです。

例えば、デヴィッド・フィンチャー監督の『セブン』という映画があります。残酷な連続殺人事件を追ったサイコ・サスペンスです。しかし、この映画の肝は「観客を怖がらせること」ではありません。ショッキングなシーンはあくまでも、観客の良識や道徳観を揺さぶるための装置に過ぎないのです。この映画を見た若い俳優が「目を背けたくなるほど恐ろしい映画だ」と話していましたが、一般の観客の感想ならともかく、俳優を職業としている人がこの程度の捉え方ではいい仕事はできないでしょう。映画の表面的なあらすじだけを追うのではなく、作家が最も表現したかった肝は何かをつかむことが大切です。

1冊の脚本を、3行にまとめてみる

映画24区トレーニングでは脚本の肝をつかむ技術について、冨樫森監督が徹底して教えています。中でも代表的なトレーニングが、配布した1冊の脚本を俳優訓練生が、3行で短くまとめて書いてみる、というものです。この3行とは、あらすじや物語を要約するということではありません。原作者や脚本家が表現しているその世界観をつかんでいないことには、3行にまとめることはできないのです。そして、この作業が上手くできない俳優は、いざ演技をさせても、絶対に良い芝居になりません。

訓練生たちはなかなか一度ではつかみきることができず、このトレーニングで毎回もがいています。勘のいい訓練生は4、5ヶ月でつかめるようになりますが、大抵の人は早くても1年、通常は2年程かかります。

具体策ではありませんがアドバイスとしては、脚本をつかめるようになるためにはまず、先入観や雰囲気に惑わされずに読み進めることです。冨樫森監督は家で脚本を読む際、「抑揚をつけて台詞を覚えないように」と指導しています。表層的な台詞の言い方などをいくら工夫しても、意味がありません。むしろ、登場人物の感情の上っ面だけを捉えるようになってしまい、脚本の理解の妨げになったりします。単純に無機質に読む必要はありませんが、渡された脚本に感情移入しすぎず、先入観に囚われすぎず、常に台詞やト書きの深い意味を考えようと意識しながら読んでください。

日本の俳優は、外国に比べて脚本の肝をつかむ力が極めて劣っています。その理由の一つに、昨今の日本映画が、脚本の中身よりも人気のあるキャスト優先で作られていることが挙げられます。俳優含め、映画づくりに関わる各プレイヤーが脚本の品質だけで仕事を選べるほど余裕がないこともあって、脚本の善し悪しを判断する機会が少ないのです。

また制作工程の簡素化や制作費の削減により、ものづくりが非常にインスタントになっていることも影響しています。じっくりと時間をかけて練られた良質の脚本が少ないのです。いい脚本がないということはそれに携わる俳優の力も落ちていくのは当然のことです。

子役の時からただただ人前で演じることだけをやってきた人、映像よりも舞台を長くやってきた人は、脚本の読解力が乏しいと感じることが多いです。早くから脚本読解の必要性・重要性を意識して勉強していれば、もっと芝居が上手くなったであろうに、もったいないなと思います。若手のオーディションをやっても脚本の肝をちゃんとつかんでくる人は全体の3％程度です。強者がここまで少ない国は日本くらいでしょう。

皆さん、これからでも遅くはないので、日本の俳優のレベルが引き上げられていく前に、徹底して脚本読解の訓練を積んでおいてください。ライバルと大きく差をつけるなら、今がチャンスなのです。

脚本を読み解く4つの基本ステップ

さて、ここからは、脚本について、もう少し具体的な話をします。

日本映画を例にとります。脚本は、「柱」「台詞」「ト書き」の3項目のみで成り立っています。物語の背景や登場人物の生い立ち、心情などは、一切書いてありません。全て脚本に携わる人がそれぞれに読み解くものなのです。

もし、俳優の仕事が台詞を覚えることだけだったら、どれほど楽でしょうか。繰り返しになりますが、俳優は、脚本を読み解く高度な読解力を技術として持たなければ務まりません。そのために、まずは段階的に4つのステップに分けて見ていきましょう。

第1ステップ 脚本の背景や空気感をつかむ

最初にまず、描かれている時代の空気感や、そこに生きた人々の気分を感じてください。脚本の時代背景や、登場人物に関してわからないことがあれば、ネットでも図書館でも、全て調べてみることです。当時の社会、起こった事件や流行した歌や本、映画などを追ってみるのもよいでしょう。脚本の舞台となっている場所に行って、そこで生活している人と話をしてみるのもよいし、登場人物の育ってきた環境を想像してみることも大切です。こんなことを書いていると、「当たり前のことだ」「読み解く云々以前の話だ」と言われそうですが、実際この作業を疎かにしている俳優は、実は多いのです。確かに、誰かに言われてからやるようなことではありません。ものづくりに関わるスタッフの基本作業だと思って、疎かにせず、こんなふうに脚本と真摯に向き合ってください。

第2ステップ 主役は誰なのかを意識する

次に、脚本の中の主人公を明確にしましょう。ここで言う主人公とは、必ずしも主役にクレジットされている人物とは限りません。物語の中でもっとも感情の変化があり、成長を見せる人物のことです。先ほど例に挙げた映画『セブン』で言えば、主役にクレジットされているのは二人の俳優です。特に観客の目がいくのはスター俳優であるブラッド・ピットですが、実は物語中、もっとも葛藤し教訓を得るのはモーガン・フリーマンのほうなのです。難解と言われる映画ですが、モーガン・フリーマンの視点に立って映画を見ると、製作者たちが表現したかった作品の核心が見えてくるはずです。

第3ステップ 台詞やト書きの裏にある意味を読み取る

台詞やト書きの裏にこめられた意味を読み取ってみましょう。若い俳優が脚本を大きく読み違えてしまう理由の一つに「脚本に書かれた台詞を〝まともに〟受け取りすぎ」という点があります。例えば男女二人のシーンで、女が男に「あなたのことが嫌い」と言う台詞があるとしましょう。台詞通りに読み取れば女は男のことが嫌いだということになりますが、本当は好きだけどあえて逆のことを言っている場合もありますよね。

皆さんも普段、人と話していることを思い出してみてください。口から出ていることはどこまでが本当（本音）で、どこまでが嘘（建前）でしょうか？ 世の中の人すべてが本音でしゃべりだすと、すぐに暴動が起きてしまいます。現実、そうならないのは誰もが互いに嘘をつくことでバランスをとっているからですね。脚本に書かれた台詞も同じです。台詞はたいてい嘘をつくものだと捉えたほうがいいでしょう。

この項目の冒頭に書きましたが、日本の脚本では、人間の心の声はどこにも表記されません。男女二人の簡単なシーンであれば読み解くことは容易いでしょうが、脚本1冊の中で多くの人間の心情が交錯しだすと、読み手がきちんと話の軸となるものや登場人物を押さえておかないと、設計図を正確に読み解くことはたちまちできなくなってしまいます。

第4ステップ

映像をイメージする

第4ステップとして意識してほしいのは、映像をイメージしながら読むということです。

私はよく若い俳優に脚本を読ませて「どんな話だった？」と聞くことがありますが、その返事で、その俳優が脚本をどう捉えているかがだいたいわかります。字面を読んだ程度の人、脚本には書かれていないことまで想像できる人、映像まで意識できる人、と千差万別です。大切なことなので何度も繰り返し言いますが、脚本とは映像をつくるための「映画の設計図」であって、小説やブログのような「読みモノ」ではありません。この認識を間違えていると10回読もうが、50回読もうが、ただ読んでいるだけに過ぎず、俳優に求められる仕事を全うすることはできません。いつでも最終形は映像である、映像化されるということを意識しておくことが重要です。

ところで、喫茶店でずっと黙ったまま向き合って座っている男女を見かけたことがありませんか？　お互いに俯いたまま一言も口をきかない、たまにチラっと相手の様子をうかがっては溜息を吐いたり、目を閉じたりと。俳優であればこんなときこそ勉強できるチャンスだと思ってじっと観察してみてください。二人の間に何があったのか、互いに今どう思っているかなど黙ったままの彼らの表情や小さなしぐさを見ているだけで多くのことが想像できるものです。映像表現は、これに似たような部分があります。作り手側は俳優の台詞よりも、アクション（登場人物の表情や行動）を重ね合わせていくことで、たくさんの想像を観客に喚起させていくのです。この映像感覚をしっかり持ち合わせている俳優とそうでない俳優とでは脚本の捉え方が微妙に違ってくるのです。

ここまでのステップをまとめると、

1．脚本の背景や空気感をつかむ
2．主役は誰なのかを意識する
3．台詞やト書きの裏にある意味を読み取る
4．映像をイメージする

です。以上、4つのステップを意識して脚本を読むように心がけてください。

年間、何冊の脚本を読んでいるか？

4つのステップを意識することをお伝えしましたが、では、脚本の読解力を飛躍的に向上させるにはどうしたらいいのか。誰でもできる一番簡単かつ効果的な方法は、

とにかく脚本1冊に触れる時間を増やすこと、です。

そもそも、俳優になろうとする皆さんは、年間で何冊くらい脚本に触れていますか？　1年間で読んだ脚本が10冊以下であれば、本気で俳優をやっていくにはまったく足りません。ピアニストは当然のように、毎日毎日、楽譜に触れています。ピアニストと同じ技術職である俳優も、当然のように毎日脚本に触れるべきです。同じことなのです。第一線で活躍している俳優は、誰にも指示されなくとも、公に言わなくとも、毎日、脚本と向き合っています。

日本は、俳優が脚本の読解力を身につけるうえで環境の悪い国です。芸能事務所は映画や演劇よりも効率のよいCMのオーディションを優先しがちですから、俳優はペラの簡単なシナリオや絵コンテばかり読まされています。

また、芸能事務所の養成所やワークショップでも、少しお芝居をかじったことのある人たちが安易な題材を使いまわして教えているケースが多くあります。子供相手なら楽しく演技できればそれで十分かもしれませんが（私は子供であってもきちんと脚本の読解について教えるべきだと思いますが）、プロを目指す人たちに与える課題ではないでしょう。

目先の仕事も大事ですが、俳優としての力が無意識のうちに低下していくことに、もっと危機感を持つべきだと思っています。一度染みついた悪い癖は相当時間をかけないとなかなか修正できません。小さい頃から型にはまったお芝居ばかりやってきた子たちが中学生になると実践で起用されなくなるのはそういうことです。

仕事が決まったときに脚本の勉強を始めても遅いのです。普段から脚本に慣れ親しみ、自分の生活の中に引き寄せてくることが大切です。

脚本は図書館や書店に行けば「シナリオ集」がありますし、『月刊シナリオ』や、『月刊ドラマ』といった脚本の専門誌もあります。当然、インターネットで購入することもできます。東京都内にいる方は、銀座に松竹大谷図書館という3万点を保有する日本最大の脚本・戯曲の専門図書館がありますので、これを活用しない手はないでしょう。著名な監督も俳優も、黙ってよく勉強しにきています。映画を年間100本見るのも大切ですが、その時間の半分を、脚本を読む時間に充ててみてください。脚本を年間30冊も正しく読んでいけば、読解力は上がり、確実に芝居の質が変わることを断言します。

自分でも書いてみるとよくわかる

ある程度脚本を読んだのなら、今度は自分で脚本を書いてみるのも俳優の鍛錬としては効果的です。なにも凝ったストーリーでなくてかまいません。短い物語でいいので、台詞やト書きを踏まえて脚本を書いてみると、演じる側としても、気付かされるポイントは多いはずです。台詞を省いても心情を表現できるのではないか？　何気なく映し出されていると思っていた風景にどんな意図があったのか？　書いてみると、何かピンとくるものがあるでしょう。これは自分の演技を振り返るきっかけにもなると思います。

映画24区トレーニングでは毎回、授業の後に俳優に日誌をつけてもらっていますが、それもまた気付いたことを頭の中で整理し、しっかりと言語化する訓練です。最初は誰もが支離滅裂な文章を書いているのですが、半年もすれば立派な文章に変わっていきます。と同時に芝居の質も明らかに変わっていくのです。それはつまり、自分の演技を客観視し、他人の演技と比較して、自分自身の芝居に反映できている証です。勉強でも人に教えると理解が深まると言いますが、演技も同じことなのですね。考えたことを言葉にしてみる訓練は皆さんが想像している以上に効果がありますのでぜひ取りくんでみてください。

また、書店に行けば、脚本術の本がたくさんあります。脚本家向けに書かれたものですが、俳優にとっても得るものが多いのでぜひ読んでみてください。

1シーンごとでとらえない

私は脚本1冊ではなく、シーン(場面)単位でしかお芝居ができない俳優を、「シーン俳優」と呼んでいます。いい意味ではありません。シーン俳優の厄介な点は、それなりに経験もあってお芝居も一見達者に見える人が多いことです。あまり周りの人からとやかく言われることはないのでしょうが、なかなか大きな仕事にはつながらない。それは当然のことで、この類の人はシーンを跨がない、つまり1シーンのみのスポット出演が限界だからなのです。主演や2番手、3番手の仕事を任せることはできません。そこで、この本の読者である皆さんは、ぜひ、各シーンが1冊の脚本の中でどういう役割をしているか、登場人物のキャラクターが全体を通してぶれていないかなど1冊の脚本を通して物事を考えられる俳優になってください。

テレビドラマと映画の脚本、どちらで勉強するか?

最近「テレビドラマと映画、どちらの脚本を読めばいいですか」とよく聞かれます。私はテレビドラマでも映画でも、よく練られた脚本であればどんな作品でもいいと答えています。ところでテレビドラマと映画の脚本の違いは何かわかりますか？　これを説明する前に、まずはテレビと映画の違いの話をしたいと思います。

テレビは情報を伝達するメディアです。ですから基本的にはニュース番組を流す媒体です。ただ、ニュースだけだと番組が埋まらないので、バラエティやドラマやスポーツを流すわけです。テレビ局の要は編成局。制作部もありますが、基本はテレビから離れられないよう、隙間を埋めるために番組を作る、という発想になります。

しかし、映画は違います。娯楽である映画館のスクリーンを埋めるために映画を作るということはなく、各々の製作者が、ビジネスという側面もありながらも良質の映画を世に出そうという気概で作品を作っています。

これら二つの脚本の構造に関して言うと、視聴環境の違いが大きく影響しています。テレビは夕食の支度をしながら、スマホをいじりながら、「ながら」見で見ているケースが多いです。つまりテレビはじっと見ていなくても、話の流れがわかるよう極めてわかりやすい作りにしておく必要があります。脚本も、そのようなものが求められます。BGM的に、台詞だけ聞いている人もいるし、途中から見始める人も多いので、自ずと説明調の台詞が多くなります。

それに対し、映画は暗い部屋に一度閉じ込められてしまうと、もう他のことはできません。嫌でも作品に集中させられるわけで、スクリーンに映し出された俳優の微妙な表情の変化だけで、何かを敏感に感じとることができるのです。よって、脚本は台詞のボリュームは、抑えてアクション（ト書き）が多くなります。

最近はテレビ局がテレビ番組の延長という感覚で映画をつくっているので、映画もテレビ化されつつあります。決してテレビが悪いということではないのですが、基本的には最近のテレビドラマは制作予算や時間が非常にタイトな中で作っているので、インスタントな作りの脚本は増えています。勉強するために作品を選ぶのであれば、最近のテレビドラマは避けたほうが無難かもしれません。

映画24区トレーニングが授業で使用している脚本は1950〜60年代の、最も映画にお金や時間が投入された時代に作られた作品が多いです。相当練り込まれていて、ハズレがほぼないと言ってもいいからです。

俳優を目指し、俳優として生きていくのであれば、常に鞄の中に2、3冊の脚本を持って出歩くことを習慣にしてみるのはどうでしょうか。あなたの中で、芝居に対する何かが変わってくるはずです。

いろんな俳優や俳優訓練生を見ていて面白いなと思うのは、脚本の肝をいつまでたってもつかめない人がいる一方で、特に何も教えなくてもすぐつかめてしまう人も存在していることです。私はそれを、容姿や小手先の技術以上に大切な、俳優に欠かせない資質だと思っています。

そんな俳優たちに共通している特徴があるとすれば、表面的な要素や現象で物事を判断しない、ということでしょうか。「本質は何か」「本物は何か」ということを、常に自分の頭で考えることが自然と身についていたりします。本人が育ってきた環境の影響もあったり、小さい頃から自分の周りに表現をすることを生業にしている人がいたというケースも多いですね。

いずれは脚本を「飛躍させる」俳優を目指そう

さて、最後に脚本における俳優の最高の仕事について触れておきましょう。

映画やテレビドラマを作っていていつも感じるのですが、「脚本は良くないけど俳優の頑張りで作品が救われた」ということは、実際はほとんどありません。いかに骨組みとなる脚本が大事かということなのですが、俳優が脚本を豊かにするということは多くあります。俳優のレベルが相当高いケースです。脚本家や監督が表現したいことを正確に読みとったうえで、さらに俳優独自の世界観を芝居に反映してくるのです。

「脚本を飛躍させる」俳優、というところでしょうか。その瞬間、監督やスタッフが想像もしなかった感動を呼び起こします。俳優としての最高の仕事ですね。この域まででくれれば、もうプロデューサーや映画監督たちから仕事のオファーが途切れることは
ありません。

読者の皆さんは映画の作り手が観客に向かって何を表現しようとしているのかを具体的につかみ、やがては自分自身も表現できる感覚を持ち合わせた、脚本を飛躍させられるような俳優を目指してほしいと思います。目先のオーディションや芸能事務所への所属だけに目を眩まされることのないよう、何より自分自身が中長期的な視野を持って、まずは脚本を読み解くという俳優としての訓練に励んでほしいと思っています。

Interview №2

録音スタッフに聞く

「こんな俳優と仕事をしたい」

石寺健一

Kenichi Ishidera

映画録音技師。東北芸術工科大学非常勤講師。多くの映画にてサウンドクリエイターとして活躍。2009年公開の木村大作監督作品『劒岳　点の記』にて第33回日本アカデミー賞最優秀録音賞を受賞。他の作品に『ドキュメンタリームービー8 DAYS TRIP』(大澤嘉工監督、2015)、『春を背負って』(木村大作監督、2014)、『中国、日本、わたしの国』(ちと瀬千比呂監督、2014)、『乙女のレシピ』(三原光尋監督、2014)、『FASHION STORY Model』(中村さやか監督、2012) 他多数。2017年には最新作『追憶』(降旗康男監督、2017)、2018年には『羊の木』(吉田大八監督、2018) の公開も控えている。

録音部の仕事とは

一言で言うなら、映画の「音」を録音する仕事です。「音」とは「台詞」なども含めた映画全体の音のことです。映画制作の中でも、自分のパート以外の仕事内容をあまり知らないと言う人は多いと思います。俳優もそうで、俳優がこちらの仕事を細かく知れることがあるとしたら特別な場合だと思うんです。例えば、僕が関わった『劒岳　点の記』[1]という映画では、1年以上かけて、キャスト、スタッフみんな同じ山小屋で一緒に飯を食って撮影していたので、起きてから寝るまでの行動が見えて、互いにどんな仕事をしているかが見えやすい環境にありました。でも普通は他のパートには他のパートの動きと追うものがあって、互いの細かいところは見えにくい。その中で、比較的俳優部に近い位置にいて俳優が見えやすいのが、演出部と、技術系では録音部じゃないかと思います。

録音部の中でも、どの役割かで、俳優との関わり方は変わってきます。録音部を大まかに分けると、録音技師、チーフ、セカンド、サードとなり、僕の技師という仕事は、俳優とは、「音」と、それを「録音する」ということで関わることになります。俳優の台詞や息遣い、その他の撮影現場の音をレコーダーで録音します。見た目でいうと「機材を前にしてヘッドフォンをしている人」です。大抵は現場から少し離れた場所にいることが多いので、俳優と直接会話をすることはあまり多くありません。知り合いの俳優側がちょっかいを出しに来たり、プロデューサーがモニターを覗きに来たりはしますが（笑）。

本番に際してテストのときに気になった箇所を、先に監督に確認してからですが「ここはこういう感じのほうがいいかもしれない」というようなことを直接俳優に伝えることはあります。文字にしてしまうと同じような表記になる単語でも「（DJ）クラブ」、「（少年）クラブ」と「倶楽部」などのように発音の仕方で意味が変わることがあるもので、問題（例えばイントネーションの違い、訛りかもしれません）がある場合は俳優に指摘することを現場で行います。

チーフは、俳優に機材の一つであるワイヤレスマイクを仕込んだり、またそれを直したり、演出部や他のパートと実質的なやりとりをしたりします。また、録音技師の指示を受けて、現場のマイクアレンジや、音を録音する「環境」を整えたりする役割で、録音部の中で一番「俳優」に近いと言えます。次がセカンドで、マイクマンやブームマンと呼ばれ、「音」の入り口であるマイクを管理する役割です。マイクマンのマイクはただ現場に置いているだけではなく、テストや本番中に、俳優の動きに合わせて俳優の口元を狙って常に動かしています。それがマイクマンです。その下にサードやフォースがいたりして、技師、チーフ、セカンドのフォローと使用する機材全体の準備、管理などを任されています。俳優からは一番遠いかもしれないですね。日本の場合、経験に応じて最終的に技師というポジションまで上がっていきますが、アメリカなどでは各ポジションは一生の仕事として、日本のように録音全てのパートを経験するということはないようです。だいたい4人ほどでチームを組み一つの映画が終わるまで一緒に動くことになります。

なぜ「現場」で音を録るのか?

なぜ現場で音を録るのか。一番の理由は、「現場の芝居」の音を同録[2]（シンクロとも呼ばれる）するためです。日本の映画は、海外の映画と比べて現場同時録音の率が断然高い傾向にあります。多少現場の状況が悪くて（天候、雑音等の問題）、同録の質が悪い場合でも、同録の音を使う傾向があります。一説にはADR（アフレコ）[3]をするとスタジオ代がかかるので、それを減らすため、同録が基本になったとかないとか。実際のところはADRして後で音を録り直すこともできますが、現場とADRでは、芝居のニュアンスが変わってしまうことを嫌ったということではないでしょうか。

　その場の俳優の台詞は、その場の雰囲気も合わさった「音」なので臨場感が全く違います。特に「泣き芝居」の雰囲気などは数ヶ月後にADRするよりも現場のほうが当然いいです。もちろん場合によってですが、監督との話し合いをして、シーンによってですが現場で録れているけれどもここはあえてADRで録り直すということもあります。ただ、その場でないと録れない音を録る、ということが基本になります。

　そこでワイヤレスマイクというものが登場します。このマイクは、俳優の身体につける小型の無線送信マイクのことですが、現場の台詞を一言、一息、欠けることなく録音するために重要な機材です。よく撮影現場でブームと呼ばれる棒の先にショットガンマイクがついたものを見かけると思いますが、そのマイクはワイヤレスマイクより音質が良いけどカメラのフレームの中に入って映ってしまうことが許されない（カメラ同様、観客に見えてはいけない機材ですから）ため、近づきたくても俳優には近づけないというデメリットがあるのに比べ、ワイヤレスマイクは衣裳の中に仕込むという方法で、一番俳優に近くて比較的良い環境での台詞の収録が可能になります。小さいつぶやきも録ることができます。ただしデメリットもあります。衣裳に仕込むということは、雑音が発生しやすいモノがマイクの近くにあるということでもあるので、録音部は「ガサ」と呼ばれる音の発生に神経を尖らせないといけません。音のガサつきがなく、マイクが布で覆われることによる音のこもりがない、いわゆる音の抜けがいい場所を探してつけなければいけません。また、「飛び」と呼ばれる電波状況の安定を確保しないといけません。ワイヤレスマイクの電波が途切れれば、その音も途切れてしまいます。途切れた音はNGです。なのでチーフはほぼ丸一日このワイヤレスの安定と格闘することとなります。稀にワイヤレスを嫌がられる俳優さん(誰とは言いませんが)がいらっしゃいますが、良きお芝居を一発で録音できるよう日々頑張っていますので、ぜひご協力をお願いしたいですね(笑)。

現場で「録音部NG」が出て、もうワンテイク重ねることになる場合があります。台詞が言えなかった、言い方が違うなど演出的な理由の他に、カメラのフレームの外からの何らかの物音などが台詞が被ってしまったときなどです。車のクラクションであったり、飛行機の通過などもあります。携帯の着信音であることもあります。フレームにないものが発する「音」は映像の中では邪魔な音です。マイクを通さなくても、現場で耳で聞こえた音は録音されてしまいます。また、これら雑音は後処理で抜くことはできません。音は、足すことはできるが引くことはできない。今も昔も音の常識です。そのとき、映像が監督オーケーだった場合に限り、サウンドオンリーと言ってカメラを回さず音だけの本番を録音する場合があります。これはのちに音がダメだった本番テイクの音と差し替えるために使用します。本番OK直後に行うためADRより好まれる方法でもあります。録音部が唯一音を録音しないのは「サイレント」カット[4]を録音部が宣言したときくらいでしょうか。これは使える音が録れないと録音部が判断した場合です。それ以外はほぼすべて同録をします。

「録音部はいい音を録りたいから現場を止める」と思っている人がいるかもしれません。実際はそうではなく、芝居の邪魔になる外部の音がしているなかで、俳優に芝居させて撮影するのはどうなのか？　芝居がやりにくいのではないか？　と疑問を持つからで、ときどき現場を止め、芝居の邪魔になる音を排除する努力をします。もちろん良い音が録れるに越したことはないですが、そもそもはその芝居を一回で終わらせてあげたいと思っていることのほうが大きいです。数ヶ月後ADRすることもできますけど、それでいいのか。そのとき、たった3分、5分待つだけで臨場感のあるいい芝居が撮れるのであれば、それを選ぶべきだと思うので、現場を止めて待ってもらったりすることもあります。でも本番でいい芝居が撮れたから、映像はOKだけど、台詞には雑音が被ってしまったというときは、先ほどのサウンドオンリーの登場となります。

台詞を「自分の言葉として喋ろう」という意識

経験の浅い若い俳優に多いですが、台本上の台詞をただ言うのではなく、「自分の言葉で喋る」意識を持ったほうがいいと思います。「自分の言葉として、今から喋る、発声する」という意識が必要かなと。気持ちの乗っていない台詞というのは「何となく」の台詞のため、音に芯がないように聞こえることがあります。俗にいう棒読みという状態と言うとわかりやすいかもしれません。台詞が自分の中で消化できていない、役を演じきれていないとも言えるかもしれません。

声の大きさに関しても同様で、意図的に小さくするのと、意識せず小さいのとでは天と地の差があります。意図的に小さいのは、聞こえるギリギリを狙った発声であり、小さいけれどもはっきり聞こえます。かたや、意識せずの場合は、ただ不明瞭で自信がないような聞こえ方になります。このような場合などにもこちらから伝えて改善してもらうことがあります。伝えると俳優本人の意識が変わるため、聞こえ方に変化があります。

結局のところ「録れた音がすべて」なんです。俳優にとっても録音部にとっても。そういう意識を持ったほうがいいかもしれません。「台詞を放つという意識だけではなく、それが録音されて記録されている意識」は重要だと思います。

基本的にこちらから指摘したりするまでは、俳優はこちらの存在は気にしなくていいと思います。

台詞のないシーン、ト書き部分を録音する意味

木村大作さんや、降旗康男さんとお仕事させていただいていると有名な「俳優」として名前がよくあがるのが高倉健さんです。高倉さんといえば台詞がなくても、その心情が画を通して力強く伝わってくるお芝居が多いと思いますが、では現場でそういう台詞のないシーンのとき、台詞がないからその場面は同録しなくていいのかというと、そうではありません。例えば、思いつめた表情で悩んでいる、しんとした張り詰めた空気のようなシーンなど。でも、実はそういうシーンこそが一

番録音部としてどう録音しようかと悩みます。台詞を録ることは当たり前です。台詞がなくても、そこには息遣い、小さく微かなため息があります。バックグラウンドのノイズ(背景音ですね)もあります。これらがあるかないかでシーンの意味合いが変わってきます。それを録るんです。台詞ももちろん重要ですが、こういったシーンの台詞がないところの芝居も、それに負けないくらい重要だと感じています。

台詞と言うのは、内容、心情の説明です。台本のト書きと呼ばれる台詞ではない部分や、台詞終わりのふとした間の部分の表現が、俳優にとっても、録音部にとっても、一番難しい大変なところなのではないかと思います。見ている映画の中の、俳優が台詞を言ったところ以上に、台詞がないところでも、心にグッとくるシーンがあったりしますよね。たぶん、あれがその部分です。

台本は、台になる本ですから、ト書きにもきちんとどういう人物なのかが現れていたほうがいいと思っています。その部分がなくて、観客に委ねられてしまって、見た人によって受け取り方がさまざまに変わるというのは、個人的に違うのではないかなと。ト書きはインターミッションというか、台詞がある箇所・無い箇所の間をつなぎ、でもそこにも意味があって、そのあとに始まる話にも非常に重要であることが多くて、そこが活かされないと、なんだかシーンが浮いてしまうように見えてしまうんです。

台本は、台詞、ト書き、アドリブ、演出とトータルな作品の物差しだと思うので、そのあたりを注意深く読み解いていくと、その物語の世界観を理解しやすいのではないかと思います。録音も同じで、一見無音でもいいように見えてしまうト書きを、音でイメージし読み解いていき、録音するというところに、何か物語のキーになるものを見つけられるのではないかと考えて録音しています。そう考えると、高倉さんの台詞のないシーンは、痛いほど観客に感情が伝わり刺さってくる。やはりすごい俳優なのだと思います。

現場のあとも仕事は続く……

冒頭で、演出部や録音部が俳優に近いところにいると言いましたが、それは、演出部と録音部は「芝居」と「編集」という、現場から完成までのトータルな見方をしながら台本を読み、現場と関わるからです。他の部の人たちももちろん、自分の役割の範囲で読んで、現場の作業をしていると思います。ですが技師の方以外は、どちらかと言えば、現場的に「ここはこういう朝日のショットを狙おう」、「ここはナイターだから、セッティングをこうしよう」、「ここのくだりでは、この道具が重要だ」といった見方の人が多いと思います。これが間違いだと言っているのではなく、現場で行われたことが、次の仕上げでは別のパートが引き継ぐ流れというものがあるからです。撮影部はのちにカメラマンが仕上げも引き継ぎ、さらに現像所のエンジニアも参加して映像を仕上げます。照明部、美術部であっても、撮影後は仕上げまで残れないことが大半で、合成CGチームがその続きを引き継いでいるかもしれません。現場の考えをダイレクトに仕上げまで持って行くことが難しい立場なのです。

このような理由から、演出部、録音部はトータルに現場から仕上げまでを考えて作業できる流れの中にいると言えます。ということで、俳優が芝居や台詞のことに関して気になったところを聞きたいのであれば、大抵のことを答えてくれるのは、演出部か録音部ということになります。録音部は現場全体を客観的に見ている部でもあります。現場が終わってからも、完成するまで最後まで残るのは監督、演出部、録音部、あとは記録さんくらいです。

ポストプロダクションの作業工程

ここから先、少し長くなりますが仕上げ、ポスプロといわれる作業工程を紹介します。

現場が終わると、スタジオや編集室に場所を変えてポストプロダクションに移ります。監督と編集部を中心としたオフライン編集という「物語」の再構成が始まり、バラバラだった映像が「作品」に近づいていきます。その編集作業と並行して、録音部は、現場で録った音の素材整理、素材のブラッシュアップである整音、NG台詞の別テイクでのはめ替え、ADR箇所の選定を行います。その後、数回の編集ラッシュ（全体をつないだものをスクリーンで見て確認すること）を経て、セミオールラッシュと続き、映像の編集が固まるのを待ちます。最終的にはオールラッシュとなり、これで基本的には映像のオフライン編集が終わります。ここからはさらにいくつかのパート（映像、録音、効果、音楽）に別れて作業がすすんでいきます。映像パートはオンラインという工程に移ります。オンライン後はカラーグレーディングという工程を経て映像は完成に近づきます。

録音パートは、オールラッシュの映像に合わせての音の編集に入ります。ノイズを処理したり、シーン内の凸凹を慣らしたり、切ったり貼ったり整音していきます。また観客を包み込むような現場録音のサラウンド素材の準備もしていきます。また、合間にＡＤＲを行います。

効果パートは、オールラッシュの映像を元に録音部と話し合い、効果音を追加していきます。現場では録音できない音を追加していきます。また、作業の合間にフォーリーと呼ばれる、現場のマイクでは捉えきれない俳優の衣擦れや、足音などの動作音（殴る、蹴るなど）、消えものの音（食べる、飲むなど）などを追加録音します。さらには追加でＢＧと呼ばれるバックグラウンド音の追加、ＦＸと呼ばれる爆発などの既存素材の貼り付けを行います。最終的に効果のサラウンド素材の準備をします。

音楽パートは、オールラッシュの映像を元に作曲を始めます。音楽の箇所は何度かの編集ラッシュの際に打ち合わせをしていて、そこにはまる音楽を作曲します。また、完成した曲を、音楽スタジオにて演奏録音します。録音された原曲は、別のマスタリングスタジオに持ち込まれ、ブラッシュアップを経て５・１chサラウンドの音楽素材になります。

最終的に全てのパートの音素材がミキシングを行う映画館のような広い空間を持ったダビングスタジオに持ち込まれます。ここでダビングと呼ばれるファイナルミックス作業を経ると映画の「音」が完成し、先に作業の終わっているオンライン映像とダビングマスターの音が合わさることで一本の映画になります。そして、０号試写、初号試写ときて、俳優の皆さんも参加したことがあるかもしれない完成披露試写となります。これが仕上げの全行程になります。作品の規模によりますが、およそ1ヶ月くらいの期間で行う内容です。

この流れを見てもわかるかと思いますが、現場50パーセント、仕上げ50パーセントで、この全てに演出部、録音部は絡んでいくことになります。

監督でもスタッフでも自分でもなく、観客を意識すること

最後になりますが、俳優の皆さんに言いたいことがあるとするなら、こちら（スタッフ）側を変に意識しないということでしょうか。まずは、自分の思う芝居をやるべきです。それが監督の意図と違っていれば違うと言われますから、その場合には監督の希望に沿うことも必要でしょうが（笑）、あまり意識しすぎないほうがいいと思います。観客には見えない部分ですしね。そこを意識してもあまり意味ないような気がします。

意識するべきは、我々スタッフもそうなんですけど、その先の映画を見ている観客なのではないかと思います。映画館に1800円払って見に来ている人、スクリーンを見つめている観客が、どう見ているか、どう思うかの意識というか、目線を忘れてはいけないと思います。録音部は最後の完成まで映画と付き合っていくので、そのあたりの意識は強いほうだと思いますが、俳優も現場が終わって次の映画に行って……、ではなく、現場の後も映画を完成させるまでにはさまざまな仕事があり、さらにその先に観客の存在があると

いうことを忘れがちな気がします。こういう、その先を見るという意識があったうえで演じていくことで、台詞の言い方、所作、広くは演じ方にいい意味で影響していくのではないかと思います。そして、それがきっと録音部にとっての「いい音」の一つになるのではないかと思います。

1——2009年公開の新田次郎の小説を原作とした映画。日本を代表する映画のカメラマン木村大作の初監督作品。
2——映画では、カメラで音声の収録は行わない。これは同時録音と呼ばれ、独立したチームで録音部が音の録音を行い、のちに映像と音声を合わせて編集していく。撮影と録音を個別に行うことで、撮影行動の自由度をあげることと、個別の質を向上させるためと言われる。
3——アフターレーコーディングの略と言われるが、ハリウッドではADR（諸説あるが、オートメイテッド・ダイアログ・リプレイスメントではないかと言われる）と呼ばれており、アフレコは和製英語。映像に合わせて、後日台詞だけを録音すること。最近では日本でもアフレコと呼ばずにADRと呼ぶようになってきている。
4——ときどき録音部が「サイレントで」と、音を録らないことを宣言することがある。これには明確なルールがあり、俳優が出ていないこと、もしくは出ているシーンでも、カメラの中に、ものしかないとき。ただし、俳優の手などが映る場合は録音する。
5——ピクチャーロックとも言われ、これ以上の編集は行わない、映像の長さは変わらないと宣言する状態のこと。この時点でほとんど劇場公開するときとほぼ同じ体裁になっている場合が多い。

PART. 3

映画からじっくり学ぶ

映画を見ているとき、観客は何をもって感動をするのだと思いますか？　人それぞれ理由はあるでしょうが、確実に言えることは一つ。スクリーンに映った俳優を見たからです。観客は、俳優の喋る台詞を耳で聞くのと同時に、その表情やしぐさ、行動を目でじっと見ています。映画づくりには多くの技術スタッフが関わりますが、完成した作品をお披露目するときに、観客が目にするのは俳優だけです。残念ながら名監督も、名脚本家も、スクリーンには一切映りません。観客が映画を見て感動するのは、秀逸な脚本ではなく、監督の的確な演出でもなく、最終的にスクリーンに映り込んだ俳優の立ち振る舞いなのです。まず俳優自身が、それをしっかりと認識しておくことが大切です。

そのためには、PART2で述べたような脚本の読解に加え、俳優自身が、まず映画を「きちんと見る」技術が必要になってきます。さらにその体験を自分の言葉にしてみることも役立つでしょう。

脚本は「映画の設計図」ですが、「映画の教科書」となるのは、やはり映画です。脚本をいくら読んでも、映画体験そのものが不足していると、映像をイメージすることは難しいでしょう。ここで言う「イメージ」とは、漠然とした想像の世界ではなく、どのようなカット割や構図で映像化されているのか、という予測をすることです。難しく感じるかもしれませんが、映画は俳優にたくさんのことを教えてくれます。

PART3では、俳優が映画からどんなことを学べるのか、どんな点に気をつけるか、その学ぶ姿勢についても述べていきます。

なぜ、映画は映画館で見てほしいのか

「映画は映画館で見たほうがいいですか？」という質問を、若い俳優からよく受けます。最近はDVDレンタルだけでなく、NetflixやHuluといったインターネットによる安価な動画配信の登場で、映画の視聴が場所や時間を選ばず手軽にできるようになりました。事前に上映時間を調べる手間や、電車代と（通常）1800円の高い観賞料を考えると、映画を見に行くことに迷ってしまう俳優たちの気持ちはよくわかります。

最初に言っておきますが、私は映画を見る場所が、自宅のテレビモニターであろうとスマホの画面であろうと、それ程こだわりはありません。むしろ視聴環境の選択肢が増えていることは単純に便利だし、楽しく作品を見ることができればどこで見ても構わないと思っています。映画業界の中には、「液晶画面で見るなんて映画をバカに

していのか」と怒る方もいます。私も映画の作り手という立場で考えると、完成した作品はできるだけ映画館のスクリーンで見てほしいなという気持ちはもちろんありますが、年間1000本以上の映画が公開されている今の日本において、鑑賞環境が映画館でなくとも、自分たちの映画を選んで見てもらえること自体が大変有難いことだと思っています。

ただし、これが「俳優」という職業を選んだ人の話になると、別です。映画は、映画館で見てください。というのも映画館の大きなスクリーンで映画を見ていないと、俳優の仕事として押さえておくべきポイントに気付けないからです。

5番手、6番手の「実力枠」の俳優の芝居を見る

では、そのポイントとは何か。

その前に、たくさんのプロのスタッフがいる映画の第一線の制作現場に、まだ新人のあなたが俳優として参加したいというとき、どんな方法で入っていこうと考えていますか？　つまり、1本の映画の中で、まずはどのポジションの役を狙っていくかという話です。「出演できればどこでもいい」と言う人もいるかもしれませんが、もう

少し戦略的に考えていきましょう。

まず、主役の座はオーディションでもない限り、新人が最初から狙えるものではありません。映画の顔である主役の配役は、興行成績を左右するので、実力もさることながら、何よりも知名度が高い人が優先されます。ですからまずは、脇役の5番手、6番手の役にいかに食い込んでいくかということを考えるのが現実的で、賢明だと思います。

大きなバジェットの映画になればなる程、キャストはネームバリューのある俳優で固められがちですが、それでも下位の番手には新しい人を起用したいと考えるプロデューサーや映画監督は多いものです。ただし、このポジションは実は「実力枠」です。下位番手の役は出番が少ない分、一瞬のチャンスで確実な仕事をしないといけないため、安定感のある高い演技スキルが求められるからです（俳優活動をしていると、プロデューサーや監督と親しくなることもあるでしょう。そのため、下位の番手なら演技スキルが多少未熟でも、監督とも仲がいいし現場に呼んでくれるだろうと勘違いする俳優がたまにいますが、とんでもない話。そんなことがまかり通れば、現場での監督の信頼はガタ落ちになるでしょう。そんなことは考えずに、普段から自分のスキルを磨いておくことを考えていきましょう）。

そして、このポジションに求められる演技が具体的にどういうものか、実際に第一線の映画で下位番手として出演している俳優の演技をたくさん見てみることが必要です。彼ら、彼女らはどんな芝居をしているか？ 注視してみると、少ない出番の中で映画のトーンを壊すことなく、メインのキャストをサポートすることに徹していることに気づくはずです。良い俳優ほど、映画全体のメッセージを理解し、自分の出演シーンの目的をきちんと理解できているからなのです。

みんなメインキャストに目が行きがちですが、実はこうした下位番手の俳優たちが魅力的な作品こそ、傑作と呼ばれる作品が多いのです。しかし、DVDやインターネット配信で見ていると、画面のサイズが小さいので、必然的に彼らの細かい芝居がよく見えず、わからなかったり、見逃してしまったりします。

それに対し、映画館のスクリーンは画面サイズが大きいので、一つ一つのお芝居が非常に目立ちます。エキストラ程の小さな役であっても、きちんとシーンを理解して反応している人もいれば、スタッフに指示されて画面の前で台詞を吐いているだけの人もいます。

細かい芝居を見る、というと難しいかもしれませんが、単純に、「この人、脇役なのに前に出すぎじゃないか？」と思える芝居もあれば、「主役級なのに、感情がこもっていなくて全く印象に残らなかった」と思える芝居もありますよね。これらは大きなスクリーンで、映画館で見るからこそ、気づくことができるのです。

俳優が映画館で映画を見ないといけない理由、理解していただけたのではないかと思います。人のフリ見て……ではないですが、映画館での映画の鑑賞は出演者の芝居の善し悪しがはっきりと見えてきますので、現実的にこれから狙っていくポジションのために、非常に参考になることが多いのです。

「スクリーンで鑑賞に耐えられる演技力」とは

先程、映画を見る選択肢が増えるのは便利だと書きましたが、そもそもそれは観客視点の話であって、映画制作の現場からすると、テレビやスマホでも柔軟に鑑賞できるための配慮などは、現段階ではやっていません。映画監督以下スタッフたちは「映画館」で上映されることを意識して作っていますので、主役はもちろん、5番手6番手も含めどんな俳優も、大きなスクリーンサイズでの鑑賞に耐えられる演技力を持ち合わせていないといけません。

では逆に、映画館での鑑賞に耐えられない演技とは、具体的にどういう芝居を意味するか。それは、観客に、不要な情報を与えてしまう芝居のことです。たとえば、視点が定まらず目がキョロキョロ動いていたり、身体が無駄に動いていたりすると、大きなスクリーンでは、観客にそれがはっきり見えてしまい、感情移入の妨げになったりするかもしれません。本来、そこはもっと観客が、感情的に引き込まれるシーンだったかもしれないのです。また、さらには、その作品内容のミスリードを誘ったり、興ざめさせてしまうこともあるでしょう。

ぜひ、皆さんは映画館に行って、スクリーンで俳優の芝居をじっくり見てください。鑑賞に耐えられる演技力を身につけることの大切さを感じてください。そして、まずは脇役の5番手、6番手の役にいかに食い込んでいくか、現場に潜り込んでいくための施策を考えるのです。そうしていずれ、現場で俳優がやるべきことを、映像から逆算して具体的にイメージできるようになっていってほしいと思います。

観客の心を動かすのは、台詞ではない

さらに、映画を見るとき、ぜひ意識しておいてほしいことがあります。それは「俳優が何をした瞬間にあなたの心が動いたか」ということです。

あなたは俳優の発した言葉に「ドキッ」とした経験が何度もあることでしょう。ここでよく思い返してほしいのですが、それは、台詞そのものがあなたの心を動かした

のでしょうか？　おそらくそれよりは、台詞を吐く寸前の表情や、震えた声が、あなたの目や耳を通じて心の琴線に触れたのではないかと思うのです。どれだけ著名な脚本家が書いた名台詞であろうと、台詞は、俳優が感情を表現する道具の一つに過ぎないのです。非常に細かいことですが、これがわかってくると、「自分の芝居の見せどころ」が感覚的につかめるようになるはずです。

日本の、特に若い俳優はどうしても台詞だけで感情を表現しようとしてしまいがちだと思っています。そのため、感情が高ぶるシーンでは声を張り上げるなど大げさになってしまうのですが、どれだけ泣き叫んでも身体は突っ立っているだけという、ミスマッチな芝居をよく見かけます。

これには二つの原因があります。まず、「声」のコントロールに意識が集中しすぎてしまっていて、「身体」のコントロールが疎かになっているためです。もう一つは、感情任せになりすぎて、自分の芝居がどう見えているかを客観視できていないためです。映画の芝居とは、台詞を述べるだけではなく、表情や息づかいなど、カメラが捉えるアクションすべてをクリアすることを求められます。台詞に感情を込めるだけが、プロの俳優の仕事ではないのです。

この点で参考にしてほしいのは欧米や韓国の俳優たちです。彼らは、映像に対して非常に効果的な演技プランを作ってきます。言葉がわからないのに彼らを見ていると抑えたトーンで台詞を喋っているだけでも、心を動かされる瞬間があります。なぜでしょうか。それは、「声」と「身体」の使い方を上手くコントロールできているからです。シーンで観客に伝えるべき感情を、適切な声と適切な表情、目線、仕草で表現できているのです。それに加えて、カメラなど、同時に現場への意識も保っているので、映像として一番良い画が観客前のスクリーンに映し出されます。一つ一つの彼らのアクションを注意して見てみると、戦略的な芝居を可能にする演技力の高さにいつも驚かされてしまいます。

テレビドラマの記号的な演技を参考にしない

最近のテレビドラマを見ていると、若い俳優のアップがやたらと多いことに気付きます。なぜこうなるか。はっきり申し上げると、俳優の芝居が下手だからです。下手だから隠して誤魔化しているのです。もちろんこれだけが理由でない場合もありますが、多くは断言できます。カメラを引くと芝居の覚束ない俳優は無用に動く身体や癖が気になり、視聴者にとってそれは、画面に映る邪魔な情報になってしまうのです。

だから止むを得ず、上半身、それでも隠しきれない場合は顔のアップだけを使います。

対話している男女を1カットで捉えず、一人ずつカットで割るのも同じ理由による場合が多いのです。二人を同時に見ることができると、必ず観客は互いの反応が気になりますから、俳優が相手のお芝居をきちんと受ける技術を持っていないと、このショットは撮れないわけです。そして、その技術がない場合は、カットを割って、編集による演出で対応するのです。

こんなエピソードがあります。あるテレビドラマの現場では、カットがかかるたび、若い俳優の手を拭く必要があったそうです。なぜなら、芝居をしている間、ポケットに手を突っ込んだり、セットにあるものをあれこれいじったりする癖が直らず、すぐ手がベタベタになってしまったからです。俳優本人がこんな不安定な状態でも、テレビの世界では登場人物や物語の設定を伝達することが優先されるので、演技がお粗末であろうと撮影自体はなんとかなってしまいます。

ただテレビの場合、お茶の間の視聴者には上手いリアルな芝居よりも、わかりやすい芝居、つまり俳優が笑っているのか、怒っているのか、泣いているのか、その情報さえ伝われば十分なので、これでいいのかもしれませんが、何より問題だと思うのは、こういった記号のような演技が「いい演技」だと、俳優を目指している若い人たちが勘違いしてしまうことです。はっきり言いますが、演技訓練を積んで俳優業で勝負しようとするこの本の読者の方は、テレビに出演している人たちの芝居を参考にしないほうがいいでしょう。

テレビの仕事は俳優業というよりタレント業に近く、映画や演劇とは全く別物の仕事だと捉えてください。日本の場合、テレビ局が映画もタレントを起用して作っていたりするので、これらの作品も本当の意味で俳優を志す人にとってはあまり参考にはならないと思います。

テレビ、演劇、映画……、どんな媒体でも通じる演技を

本当に力のある俳優は媒体、つまり見せる対象が映画なのか、テレビなのか、それとも演劇なのかによって、演技のサイズを調整することができます。テレビの場合はアクションを大きめにわかりやすい芝居を見せ、映画の場合は（作品のテイストにもよりますが）集中して見ている観客のことを考えて過度なアクションは抑え、感情を伝えるための息づかいや目線など、ディテール部分を大事にするといった具合です。

例えば数年前、『半沢直樹』というテレビドラマが大流行しました。当時、オー

ディションでも『半沢直樹』の堺雅人さんや香川照之さんのようになりたい」と言っていた若い俳優は多かったように記憶しています。ドラマが話題となった理由の一つに、俳優たちの少し過剰とも思える程の演技合戦（オーバーアクト）がありました。俳優志望の若い人たちはそれをどのように見ていたのか、気になります。一番怖いのは、俳優の演技とはすべてにおいてあのようにするものだと錯覚してしまうことです。そう言っていた俳優たちには、ぜひ、映画『トウキョウソナタ』や『ディア・ドクター』といった作品に出演している香川照之さんの芝居も見てほしいと思います。当然、テレビの前のお茶の間の老若男女に向けたわかりやすいものとは全く別のタイプの芝居をしています。素晴らしい俳優なのです。

誤解のないよう繰り返し言いますが、テレビドラマの芝居が悪いと言っているわけではありません。そのようなテレビドラマの芝居を、映画の現場でも、選択してしまうことがマズイのです。

少し話が逸れますが、日本のテレビドラマは俳優の実力で出演が決まるものではありません。視聴率が稼げるほどの有名人か、テレビとつながりの深い大手芸能事務所所属の俳優でなければ、メインキャストに名を連ねるのは難しいでしょう。だからと言ってテレビの仕事を諦めろと言いたいのではなく、新人がまず目指すべき現場はテレビじゃないということです。何度も同じことを繰り返し言いますが、本気で俳優を目指したい人は、まず自分が最初に出るべき現場は何なのか、どういう作品なのかを、よく考えてください。映画や演劇の世界で勝負できるだけの訓練と経験を積んで、有名になってからテレビに呼ばれても遅くはないと私は思います。

また、映画にしろ、演劇にしろ、力のある作品、力のある俳優、力のある演技をたくさん見るようにしてください。個人的には、日本の作品より海外の作品のほうがいいと思います。中国、韓国、台湾など、同じアジアの諸国では学校で訓練された俳優たちが、基礎の伴った演技を作品に込めています。韓国映画に『殺人の追憶』（ポン・ジュノ監督、2004年公開）という作品があります。私はこの映画が好きで何回も見ていますが、ラストシーンのソン・ガンホの演技は圧巻です。台詞自体は覚えていませんが、あのうつろな目は、いつでも思い出すことができます。国籍に関わらず、演技派と呼ばれる俳優は決定打となる「表情」を持っています。

最近はテレビだけでなく、映画でさえも観客の感情を無理に高めるためにやたらと音楽を挿入してきたりもしますが、俳優の皆さんは、これに騙されてはいけません。とにかく、お芝居が本物かどうかだけを見極めるのです。

キャスティングプロデューサーはどんな俳優をチェックしているのか

映画やテレビの世界には、キャスティングを専門でやっているプロデューサーがいます。彼らにとって一番の手柄と言えば、スケジュールやギャラなど、一筋縄ではいかない大物俳優との出演条件をまとめ上げることですが、実はもう一つあります。それは、誰にも知られていない力のある俳優、これから伸びる掘り出し物の俳優を見つけてくることです。

そこで、彼らは頻繁に映画館や映画祭に通って、俳優をチェックしています。誰もが知っている主演俳優を見に行くわけではありません。まだ世の中には知られていない俳優をチェックしに行くのです。これはキャスティングプロデューサーに限らず、映画監督も芸能事務所のスカウト担当も同じです。

私もそういう目で映画の中の俳優を見ていることが多いです。俳優に出演した作品のことを聞くと「小さい役ですけど」とよく言われます。謙遜なのでしょうが、「小さい役だから誰も見ていないだろう」という引け目もあるのでしょう。しかし、映画関係者は映画を見るとき、小さい役ほど注意しています。小さい役で印象に残る俳優がいれば、必ず名前を調べて覚えておくように心がけています。特に映画監督と映画の話をしていると、必ず俳優の話になります。それだけ俳優に注目して、映画を見ているのです。

では、監督やプロデューサーは、俳優の何をチェックするのか。意識しなくとも、顔や体型、声などの情報は入ってきますが、注目する点は、やはり演技力です。役の大小は関係ありません。逆に、小さな役でも場を壊すことなく、主演や他の役者をサポートすることでそのシーンをより豊かにしてくれる俳優を探しています。この「サポートする演技」の力が、実は俳優にとって何より重要なのです。

「サポートする演技」の重要性

日本ではこの「サポートする演技」、つまり相手の芝居を受けることができる俳優が、特に若い人では非常に少ないように感じます。

映画でもテレビでも、観客は主人公、すなわち主演俳優を無意識のうちに自分に置き換えながら見て、作品に引き込まれていくものです。ただ、仮に登場人物が俳優たった一人だった場合、そのような展開になるでしょうか？　よっぽどその俳優が何か観客を引き込むパワーを持っていない限り、感情移入などできません。何が言いたいかというと、お話には、主人公に対する家族や友達、恋人、ライバルといった関係の役が存在し、彼らが主演俳優のお芝居を一つ一つ丁寧に受け止め、サポートしてくれるからこそ、主人公がくっきりと立ち、引き込まれていく、ということです。これが、「サポートする演技」力です。この脇の俳優たちがちゃんとこの仕事をしてくれないと、いくら主演が一人で踏ん張っても、その芝居すら嘘臭くなってしまいます。

このサポートする演技を身につけるには、まず、シーンの中で、自分の役割を理解しましょう。ただし、理解できていても、相手の芝居を受ける技術が覚束ない場合は、どうしても悪目立ちしてしまい、意識せざるとも主演を壊し、シーンを壊してしまいます。それほど、サポートする演技力はとても大事なのです。

現場に参加したら、あなたの演技がどう評価されたのかを聞いてみましょう。相手は演出部でなくてもかまいません。良い演技や悪い演技は、演技の専門家でなくてもわかります。むしろ、いろいろな立場の人からの話を聞くことで、自分の演技を多角的に捉えられるようになるでしょう。共演者からは褒められた演技が、技術スタッフからするとそうでない場合もあります。

それから、自分の演技を自分で見る機会を作りましょう。映画24区トレーニングでも、頻繁に、授業の記録映像を演じた俳優自身に見せています。自画自賛する人はいません。ほとんどの人が自分の演技の至らなさに、見るのも嫌なようです。しかし、自分を客観視するには必要なことです。出演作品はもちろん、訓練もできるだけ映像に収めて自分の演技をチェックするように心がけてください。

「受けて返す」という技術

阪本順治監督は俳優の役割を主役・脇役に分けて考えた場合、主役とは「受けて返すこと」ができる人、脇役とは主役に対して「仕掛けること」ができる人だと仰っています。監督から聞いたお話ですが、中井貴一さんが主役をやる場合、一切前に出ようとはせず、仕掛けてくる脇役に対してことごとく受けて返すということをやっているそうです。また佐藤浩市さんが脇役をやる場合、主役を喰ってやろうとするのではなく、台本上にはないことをあの手この手を駆使して主役に対して仕掛けていくそうです。それに対して反応していくことで、主役の演技が引き出されるということを知っていて、できるからです。

皆さんは主役であろうと脇役であろうと、まずは「受けて返す」ということを心がけてください。共演者の演技を「受ける」ことによって自分の心を動かし、自然な気持ちで演技を「返す」、演技とはその繰り返しの技術なのです。この技術は、他人(相手)があっての自分だという認識を普段から持っていないと身につきません。逆に、このことさえ常日頃から心がけていれば、今後、どんな役がきても自分が主役と思ってやればいいのです。

たまに演技レッスン中の俳優たちの脚本を覗き見すると、自分の台詞のみにマーカーが引いてある人を見かけます。熱心なのはわかるのですが、自分のことばかりで、演技プランを一人で固めすぎてしまうと、共演者(相手)の演技に関係なく、頭の中で決めた同じ演技しかできなくなってしまいます。共演者が変われば演技も変わるのが、正しい「受けて返す」演技ができている証です。

エンドロール(エンドクレジット)には重要な情報が満載

さて、映画を見終わった後に、キャストやスタッフの名前がクレジットされたエンドロールが流れます。日本でも海外でも最後まで見ずに席を立つ人は多いですが、映画に携わる仕事をしている人は、ここもきちんと押さえておかないといけません。なぜなら俳優が知っておいたほうがいい情報が詰まっているからです。まずはエンドロールに流れる基本的な情報の読み方を覚えてください。

ここで、俳優にとって関係深い映画監督の話をしましょう。監督の経歴には3つのタイプがあります。

A：現場の助監督を経験し叩き上げられて監督になるタイプ
B：CMのディレクターから監督になるタイプ
C：PFF（ぴあフィルムフェスティバル）や芸術系大学出身で自主映画から監督になるタイプ

それぞれの監督がどのタイプに分類される人なのかは知っておいてください。

特にAの助監督を経験してきた人は、どの監督のライン（系統）なのかまで押さえておいたほうがよいでしょう。昔のように撮影所に所属している監督やスタッフで映画をつくるスタイルは存在しませんので、監督のラインはもう数えるほどしかなくなってしまいましたが、それでもライン間の先輩・後輩で俳優の情報を共有しながらキャスティングをしているものです。例えば、ある監督のオーディションに参加したとき、「以前、監督のもとで助監督をされていた○○さんと仕事をしたことがあります」という会話が生まれるとします。ラインの絆は非常に強く、お互いが独立しても頻繁に連絡を取り合っていることも珍しくありません。「○○が選んだ俳優なら信用してみよう」と思われる可能性も高くなるものです。また、ラインに関係して、監督やプロデューサーたちがどのスタッフと仕事をしているかは俳優として関心を持っておいたほうがいいでしょう。最近ではCタイプにおいても、出身大学における先輩・後輩のラインが目立つようになりました。

そして、このようなことを覚えるのに、エンドクレジットを見る習慣が役立つのです。エンドクレジットをたくさん見ていると、何となく映画界の人脈・構図が見えてきます。良い俳優は監督だけでなく他の技術スタッフにも詳しいものです。エンドロールを見逃したら、パンフレットを購入して勉強するのもいいでしょう。

ちなみにあなたが出演した作品であればエンドロールでどのようにクレジットされているかはとても気になるでしょう。どんなに小さな役でもエンドロールに名前がはいることは喜ばしいことだと思います。ただし「俳優の実績」という意味では、役付でないとあまり高く評価されません。よくオーディションで新人俳優のプロフィールを眺めていると、テレビドラマやメジャー映画のタイトルが出演実績としてやたら多く並んでいる人に出会います。所属事務所に言われて参加しているケースがほとんどだと思いますが、エキストラに近い役であることはわかる人がみればすぐにわかります。一概には言えませんが俳優の実績としてみた場合、有名作品にエキストラに近い役で名を連ねるよりも、無名作品であってもメインキャストでクレジットされているほうがインパクトがあるのは間違いありません。小粒でも力のある作品に出演して、いいクレジットを積みあげてください。

俳優の参考になる映画の見方・選び方

「どの映画を見ればいいいですか」「お勧め映画はなんですか」とよく俳優から質問されますが、具体的な作品名よりも、俳優にとって参考になる映画の選び方、見方をお伝えしたいと思います。

一人の映画監督の作品に特化して時系列で見る

自分の好きな映画監督を一人見つけ、その人の作品すべてを時系列で全部見てみてください。監督がその時代に、なぜこの映画を作ったのか。どんな思いで作ったのか。

またその作品にどんなスタッフや俳優が参加したのか。そういったことを一つ一つ丁寧に追っていくことで、時代と共に歩んできた一人の映画作家としての生き方や、発信してきたメッセージが浮かび上がってきます。監督が手掛けた作品を見て、彼らの世界観を掴んでおくことは重要なことです。一人の監督の作品をすべて見終わったら、今度は同時代に作品を撮ってきた他の監督の作品を、同様にして見てください。日本だけではなく、海外の映画監督たちにスポットを当ててみるのもいいでしょう。映画に国籍はありませんから、時代を軸にいろいろなところで何かがつながってくるはずです。

昭和の良質な作品を見る

一緒に仕事をする映画監督の作品を事前に見ておくことは最低限のマナーですが、さらに、その映画監督が、青春時代にはどんな作品に影響を受けたのか、その作品を見ておくことも、俳優としては重要です。映画監督になる人は、必ず学生時代など若い頃に映画館で見た映画に触発されているものです。当然、監督の年齢によって影響を受けた映画は違いますが、日本が映画製作に最も時間やお金を投入できた、つまり豊かなものづくりができた1950～60年代に作られた作品は、時代を問わず今もなお多くの映画監督たちに愛されていますし、映画に対する考え方や、今後作りたい作品のどこかに反映されていくはずです。つまり、昭和という時代の良質な作品は、監督と一緒に仕事をするうえにおいて「共通言語」となるものなので、見ておくべきです。おそらく海外に出たときにも、必ず役に立ちます。

才能のある若い監督の作品を見る

最近では芸術系の大学が映画教育に力を入れており、学生でも海外で通用するような力のある監督が生まれてきています。作品が年々増えていくので見極める力が必要ですが、ＰＦＦ（ぴあフィルムフェスティバル）や田辺・弁慶映画祭などを利用して、若い監督の作品にできるだけ触れておきましょう。才能があると思ったら、積極的にアタックして、次回作を応援してあげましょう。若い時代に築いたネットワークは、将来必ずあなたの俳優としての武器になるはずです。

同年代のアジアの俳優たちが活躍する作品を見る

韓国、中国、台湾、香港、マレーシア、フィリピン、インドなど、アジアで作られる映画の質が年々良くなっています。当然監督や俳優の技術も高くなっており、日本は完全に置いていかれているのではないかとさえ感じます。皆さんは、できるだけこれらの国の最近の映画に触れてみてください。国内の映画祭であれば東京国際映画祭、東京フィルメックス、大阪アジアン映画祭、アジアフォーカス・福岡国際映画祭などはお勧めです。海外の映画人の来日も多いので、ぜひ足を運んでみてください。

さらにできることならば、海外の映画祭にも足を運んでみましょう。国籍を超えた映画人との交流を積極的にやっていくのです。国内の俳優だけをライバルにせず、近隣アジアの同年代の俳優たちが今どの監督のどんな作品に出演しているのかにアンテナを張っていきましょう。

何でも「作り手の視点」で見てみる

ここでは映画に特化して書いていますが、そもそも俳優が学ぼうとするなら、もちろん、映画以外にも、教材は無限にあります。音楽、小説、アニメ、スポーツ……、見方次第で俳優の仕事に活かせる要素を探し当てることはできるでしょう。

昔から、本職の俳優ではないのに映像界で見事な演技を見せている人たちがいます。助演俳優として引っ張りだこのピエール瀧さんの本業はテクノ・ミュージシャンです。数々の映画賞を獲得しているリリー・フランキーさんはイラストや文筆業でブレイクするまで、演技経験はありませんでした。どうして彼らに素晴らしい演技ができるのか。それは、自らが「作り手の視点」を持っているからです。音楽やイラストやエッセイを作るときの視点を現場に当てはめて「この監督はこういう演技を求めているのだろう」と理解することができるのです。この視点を持てば、演技の学びはあちこちに転がっています。俳優の毎日は、無駄にするには長すぎます。今までなんとなく眺めていた日常を、俳優の糧にするために目をこらして観察してみましょう。生活の全てを演技に還元できるよう、力強く一瞬、一瞬を生きてほしいと思います。

映画館での共有体験を持ってほしい

最後に、私がベルリン映画祭に行ったときの話をしたいと思います。日本の映画館では400〜500の席数があれば一般的に大きな劇場ですが、ベルリンではその倍近い800の席数を持つ劇場がたくさんあります。当然スクリーンも目を見はるほどの大きさなのですが、何より驚いたのはこの広い劇場が、観客で満席になることです。映画祭の期間ということもあって、多くの国、幅広い年齢の観客で、埋め尽くされていました。その光景は圧巻。日本ではジャニーズかアイドルの舞台挨拶初日くらいでしか目にすることができないと思います。とにかく映画を見る前から、軽度の興奮状態でした。

私が当時そこで見た映画は、イラン映画でした。英語字幕とドイツ話通訳という3カ国語が同時に発信され、観客としては慌ただしい鑑賞環境で、俳優たちが何を喋っていたか、映画の内容含めほとんど記憶に残っていません。しかし一つ、はっきりと身体が覚えていることがあります。それは、800人の観客と同じ場所で、同じ時間に、同じ映画を共有した、喜びに近い感覚です。言葉では言い表せない程の感動がありました。国籍や言葉や年齢の壁を超えていく映画の力はすごいなと思いました。そしてこの体験は、自分が、人の人生に影響を与えられるような「強い映画」をつくりたいと思うようになるきっかけにもなりました。

前置きが長くなりましたが、俳優として映画づくりに関わる人も、この共有体験は必ず持っておいてください。できれば観客が映画に対してどう反応して、どんな顔で見ているかも、観察しておきましょう。もちろん、海外の映画祭でなくても構いません。日本で映画を見るときに、できるだけ公開初日、大勢の観客に交じって、映画を見てみてください。満席の劇場で「強い映画」に出会えたならば、その共有体験は「あのスクリーンの向こう側に立ちたい」という欲求を強めてくれるでしょう。今後くじけそうになった時も、必ずあなたを奮い立たせ、俳優人生を続けていく力になることは間違いありません。

Interview
№3

映画監督に聞く

「こんな俳優と仕事をしたい」

中野量太
Ryota Nakano

映画監督。1973年7月27日生まれ。京都育ち。大学卒業後、日本映画学校（現：日本映画大学）に入学し3年間映画作りの面白さに浸る。卒業制作『バンザイ人生まっ赤っ赤。』（00）が、日本映画学校今村昌平賞、TAMA NEW WAVEグランプリなどを受賞。卒業後、映画の助監督やテレビのディレクターを経て、6年ぶりに撮った自主短編映画『ロケットパンチを君に!』（06）が、ひろしま映像展グランプリ、福井映画祭グランプリ、水戸短編映像祭準グランプリなどを含む7つの賞に輝く。2008年、文化庁若手映画作家育成プロジェクト（ndjc）に選出され、35ミリフィルムで制作した短編映画『琥珀色のキラキラ』（08）が高い評価を得る。2012年、自主長編映画『チチを撮りに』（12）を制作、SKIPシティ国際Dシネマ映画祭にて日本人初の監督賞を受賞し、ベルリン国際映画祭を皮切りに各国の映画祭に招待され、国内外で14の賞に輝く。2016年、秋、商業長編映画『湯を沸かすほどの熱い愛』が公開。新人監督の登竜門と言われる新藤兼人賞金賞や報知映画賞（4冠）、ヨコハマ映画祭（3冠）などを受賞。独自の視点と感性で『家族』を描き続けている。

中野量太監督と著者・三谷との出会いは3年前。「映画に強い俳優」を育成するという映画24区の教育方針に賛同した中野監督に、毎年、若手俳優の指導に来てもらっている。

俳優訓練生と、プロの俳優の違い

三谷： 監督はこれまで、若い俳優たちとも一緒に自主映画や短編作品をつくったりされてきたと思いますが、特に今回の作品『湯を沸かすほどの熱い愛』は、キャスト陣が超一流の方々ですよね。そこで今日、一番伺いたいことを最初から聞いてしまうんですが、普段、養成所に通ったり、スクールに参加して頑張っている俳優訓練生たちと、こういう映画で第一線をはる人たちとの違いって、どんなところにあると思いますか？

中野：「責任」ですね。俳優の仕事も、僕のような仕事も「人のこころを動かす」というのは、すごい責任があることじゃないですか。それを生業としてやるなら、そこには覚悟と責任がいる。そこが圧倒的な違いですね。宮沢りえさんも、「この仕事に、演じることに命をかけられるんです」と簡単な言い方で仰るのですが、本当に、それがすべて。それを失ったら仕事はなくなるわけで、やっぱり責任を持っていますよね。だからこそ、「自信がある」。これも言い方としては簡単になってしまうんですが、「当たり前の自信」を持っています。自分の価値はここだとわかっていて勝負をしてくるので。

三谷： 自分の価値というのは、自分の一番得意なところ、ということですか？

中野： そうではなくて、自分が俳優として生きる意味というか、まずそれが大事なんだと思います。もちろん技術も必要ですが……。でも、だからこそ、監督としては、俳優さんに任せられるんですよ。監督というのは、自分を、自分の世界を理解してちゃんと助けてくれる俳優を探していて、そういう俳優と仕事をしたいわけで、この人とやっていくのは不安だな……と思う人とはやりたくないわけですよ。さらに言ってしまえば、自分のイメージを超えるくらいのことをしてくれる人を探している。だからそれをできる人というのがプロですよね。養成所やスクールで訓練中の人たちというのは、そういう意味では、まだ不安ですよね。僕が「どんどん引き上げなきゃ」と感じてしまう。

三谷：プロの人たちが持つ覚悟や責任感とは、具体的にはどういうところでしょうか。どういうときにそう感じましたか？

中野：宮沢さんがやはりすごいと思ったのは、最後、亡くなるシーンですね。このシーンは、最大限のアプローチをしてほしかった。「死ぬ人」はメイクなどでもいくらでも作り出せますが、ちゃんとやってほしいと思っていた。でも先に宮沢さんのほうから「最後はちゃんとやりたい。1週間、私にちょうだいね」と言ってくれました。それは、最後のシーンを、「死ぬ前の自分（母親役）」というものにきちんともっていってから演じる、と考えてくれていたんですね。なので、最後のシーンだけ残して、5日間、待ちました。4・5キロ痩せてくれました。そんなふうにアプローチして表現できる、そういうことが当たり前としてできる。それこそプロとしての覚悟と責任ですよね。簡単に言葉では表現しにくいんですけど、「これが自分の仕事だ」という思いがあるから、監督側としても信じられる、信頼できる。その人の俳優としての姿勢としても、お芝居としても。僕のやりたいことをちゃんと理解して助けてくれるなと思いました。

三谷：現場で信用できる、というのは大きいですね。

キャスティングについて

三谷：そもそも、今回の作品はどのようにキャスティングされたんですか？　脚本を俳優に渡してオファーしたんですか？

中野：今回、オリジナル脚本で、原作なしのまったくのゼロベースでした。お母さん役を誰にするのか、まず最初に宮沢さんにオファーしたところ、早い段階で脚本を読んでくださり、「監督を知らないので、1回会いましょう」ということで会って、それぞれの思いを話し合ってつながったので、オファーを受けてくれました。僕のこと、Wikipediaで調べたと言っていました(笑)。大ヒットした『紙の月』の次によく出てくださったなと思います。脚本のちからだと思っています。杉咲さんは、アテ書きをしていたので、依頼してすぐに引き受けてくれたときは、よし！と思いました。オダギリジョーさんも、脚本ですね。みんな、僕のことは知らないけれど、脚本を信じてくれて、集まってくれました。僕は、脚本は、俳優へのラブレターだと思っているので、絶対にこのラブレターを読んで、ちゃんと想像できる人物像を書くんです。面白くない脚本で、ぼやけた人物像では、読んだ人はたぶんわからないんですよ。僕は、絶対それがわかるように書いているつもりです。そうすると、俳優さんのほうで、僕が意図したことをちゃんとわかって、理解して芝居できる。これも、プロだからこそと思いますね。僕は演出のプロだけど、俳優は演じることのプロだから、どちらかが強いとかもなくて、ちゃんとお互いが理解してやっていくといい作品になると思っていて。そこが、まだワークショップに来ている人たちでは、難しいかもしれませんね。

三谷：杉咲花さんだけアテ書きされたというのは、たとえばどんなところだったんですか？

中野：僕は、「人間味」という言い方をするんですけど、彼女を見ていて、強烈に、お芝居の感度のすごさ、存在、人間味に惹かれるんですよね。憂い、寂しさみたいなものも持っている。これは才能だし、彼女はたくさん考えて芝居をしているなと思います。だから現場でも、わからないところは、たくさん考えて、考えて、こちらに質問してきました。納得し、理解してもらうまで、たくさん話をした。理解したときの彼女の芝居の感度はとてもすごくて、この年代で誰よりも抜きん出ていると思っています。

伊藤蒼さんについても、オーディションから、しゃぶしゃぶのシーン（※映画の中のある大事なシーン）をやったんです。これ、できない子はまったくできないんです。でも僕は、彼女にも心惹かれるものがありました。彼女も感度が良くて、どこか寂しい、憂いをおびた雰囲気がある。いまこの年齢でこの芝居をやってもらったら、観客の心を引っぱることができる、というのが僕はすぐにわかった。そこには価値がある。彼女にはそれができるんですよね。彼女ともたくさん話しました。本当のプロたちは、自分たちで、めちゃめちゃ考えてるんです。

関係性をつくる、「設定《シチュエーション》」を演じない

三谷：何度か出てきた「考えている」ということについてですが、普段、スクールなどで俳優志望者の子たちと接していて、みんなとても素直なんですけど、まだ、あまり考えてはいないな、と感じることがあります。

中野：お芝居って、感覚や感性でするものではないですよね。全部考えた上で、初めて感覚や感性を使うものだと思っています。俳優として、最初からそれだけで勝負している人は潰れると思うし、僕は生きていけないと思う。だから僕は、考えなさい、と、事前に「関係性をつくりなさい」とひたすら言います。

三谷：関係性をつくるというと、何をするんでしょうか？

中野：今回の映画では、母親役の宮沢りえさんにもお願いしたことなんですが、出演する俳優さんたちと「家族になるための作業」をしてもらいました。毎日子どもの役の俳優たちとメールをしてもらったんですね。宮沢さんですら「こういうことをするのは初めて」と仰っていましたね。[1]

三谷：さきほど、脚本を、監督は「ちゃんと人物像がわかるように書く」と仰っていましたが、それはどういう関係性なのかがちゃんとわかる、ということですか？

中野：そうですね、そこも僕なりの言い方があって、「僕らは設定を演じるんじゃないんだよ」と言っています。スクールやオーディションでは、演じるのは1シーンのみですよね、そうなると、シチュエーションを演じな

きゃいけない。でも、本当の芝居はそうじゃない。本当の芝居は、まずは人をつくる。立体的な人物をつくる。たとえばお見合いのシーンがあると、みんな、「書かれているシチュエーション」を演じてしまうんですよ。そうではなくて、まずは人物をつくり上げて、その人物を理解して、その人物がこのお見合いに行ったらどうなるか？　と考えるのがお芝居だよ、と常々言っています。そこにはたった一人の人の感情表現があるから、その人がお見合いをしたら、はたしてどうなるのか、と。そうすると、絶対に、みんな全然違う芝居になるんです。

「見せる」芝居と「見える」芝居

中野：僕は、芝居に、「見せる」と「見える」という言い方をしてます。たとえば「設定を演じる」場合、お見合いなら、「お見合い↓緊張する↓『趣味はなんですか？』と質問する」、そんなお芝居を、表面的な「見せる」芝居と言っています。悲しい・泣く、と台本にあったら、悲しく泣けばいいのが見せる芝居ですね。でも僕は「見える」芝居をしてほしい。それにはたった一人の人間にならないと、「見える」ようにならないんです。たとえば嫌なことがあって「怒る」にしても、ワーッと大声を出す人もいれば、全然顔には出さないで、心の中でくそーと怒ることもある。人間によってそれぞれ「怒る」が全然違う。そのたった一人の人間の感情表現ができたときに、見えるものがある。

映画で良い芝居とは、僕はお客さんを作品の中に引き込む芝居だと思うんですけど、それが、見せると見えるの違いだと思います。

悲しくて泣いて見せているのは、俳優側からの芝居で、見せる芝居ですが、でも悲しいかどうかを判断するのは観客なんです。観客が、「この人は悲しくてもぐっとこらえている。全然泣こうともしないけれど僕／私は、この人は悲しいんじゃないかなと感じる」と判断した時点で、その作品に引き込まれている。こちらはその積み重ねをするわけです。だから、お客さんがそう判断するように、「見える」ようにするには、自分はどうすればいいのかというのをとことん考えてやりなさい、と言っています。

三谷：それは関係性についても、同じですか？

中野：そうですね。一人でもそうだし、親子だったら、親子に「見せる」親子っぽい設定でやれば、観客は「あ、親子っていう設定で見ればいいのね」と思いますよね。テレビドラマなんかはそうだと思いますね。「あ、この設定で見ればいいのね」と思われた時点でアウトです。僕らが本当に親子に「見える」ためには、やらなきゃいけないことがたくさんある。それができて、観客が見て「親子らしいなあ」と感じ判断したら、その時点で、引き込まれている。全部判断するのは、観客、お客さんなんです。

だから僕は、キャスティングでも、ちゃんとその作品世界に存在しうる人ばかりを選んでいます。そして、誰かが誰かを真剣に思うとか、誰かが誰かのために一生懸命動くとか、そういう関係性を含めて、親子や、兄弟や、夫婦に「見える」ようになる。そう見えた時点で、いつの間にか観客はこの作品に引き込まれている。

三谷：看護師役でキャスティングされたからと

いって、病院に見学に行って、服装も格好も似せて全部やっても、それだけではだめなんですね。その人がどんな人間で、どういう生活をしている人なのか、そういう人が看護師をしている、という理解がないと。

中野：環境にもよるし、経験って言ってしまったらダメなのかもしれないけど、でも、人は、確実にいろんな経験によって、人の立体が見えてくるじゃないですか。たとえば親の死を経験している人は、人ってこんなふうに亡くなるんだということがわかるし、それをひとつ知っただけでも全然違う。僕なんて、人が死ぬってなんだろうとか、生きるってなんだろうとか、そんなことばっかり考えてますよ。人の立体をつくっているからですけど、お芝居もそうですよね。本当に、映画って、人の感情の機微がドラマで、ストーリーなんて二の次ですからね。僕らはちゃんと「人」をわかったうえでやらないといけない。

三谷：今回の現場で、見せる・見えるについての演出や指導はありましたか？

中野：さきほど言ったように、親子に見えるよう関係性をつくりあげて、(毎日、母親役と子ども役がメールをしてから) ちゃんとコミュニケーションをとってから現場に入っていったので、そこまで違和感はありませんでした。みんな、ちゃんとキャラクターを理解してくれていたので。演出自体は、その人によって変えていました。たとえばオダギリジョーさんは、その場の相手の返し方や雰囲気で芝居を変えてくるし、演じるキャラクターにとっての小道具の使い方などを「土下座するとき座布団の上でやるほうが一浩 (演じた父親役の役名) らしいよね」などと話していました。

それでも、最初の1日、2日目はみんな、どうしてもちょっとの差異は見えるわけですよ。そこをお互い、俳優さんとやりとりしながらつくっていくのはなかなか大変でした。たとえば、2日目の夕方に、がん告知をされて、湯船の中で泣く母親役の宮沢さんのシーンを撮ったとき、僕の考えよりも、宮沢さんのほうが役に「見える」なと感じて、宮沢さんのプランを優先したほうがうまくいくと感じ、任せられました。そうやってやっぱり任せられるのがプロですね。

間違いなくお芝居っていうのはもう「人」です。だから「見える」にもっていくためには、そこをちゃんと理解してほしいし、まずは人をつくる、関係性をつくる、そしてその人が、その設定に入ったらどうなるか？ を考えること、と言っています。

三谷： 見せる・見えるについては、たくさん映画を見ていないとわからないですかね？ 監督はどうやって最初、そう思われたんですか？

中野： これ、実は、ワークショップやってからなんです。みんなに、言葉にして伝えなきゃいけないと考えたときに、やっと思いついた言葉なんですよね。でも、それは映画を見ていて、どんな芝居のときに僕は心をもっていかれるんだろうと考えたら、それは僕が決めてたときだったんですよね。この人悲しいんだろうなとか、ああこの親子いいなとか。そのときって僕が「見えて」いるんですよね。

三谷： 実際に、俳優はそれをつかむには、どうすればいいですか？

中野： これを説明されてから、あらためていろんな人の芝居を見たらわかると思うんですよ。

あ、今、これ、「見える芝居」だなとか、「見せる芝居」だなとか。自分が自然に心をうばわれたときに、これはどっちだろう？　と感じたときに考えてみるといいんじゃないですか。もちろん、感動する、というのも、スペクタクル的に映像に感動したりすることもありますが、でもそれはたぶん意識したらすぐにわかることです。みんな言葉にできなくて無意識で、感覚で決断しているだけで、たぶんそれを言葉にしてみたら、わかってくると思います。

俳優として「感度を上げる」ために必要なこと

三谷： 俳優にとって、見える芝居をするための(監督の言う)「感度を上げる」ためには、どんなことを学んでおけばいいんでしょうか。

中野： 結局、僕らが心を動かされるのって、その人らしさ、とか、人間らしさが見えたときです。ああ、その人らしいなと思うときに僕らは心惹かれてしまうんです。そこに興味があるかどうか、ですね。どの役も、たった一人の人、じゃないですか。ちゃんとそれを人として立体的に、たった一人の感情を持ったたった一人の人として、この人どう思っているんだろうと考えられるか。そこに興味がなければ、脚本に書いてある感情をただ表現するだけというか、平面的に芝居をしてしまう。「人」を演じるのに、いつまでもうまくなっていかないというか。観客側も、その平面の芝居を見ても何も心動いていかないというか。だからまず人に興味を持って、この人物はどうなんだろうとちゃんとアプローチできるかどうか。

それには、まず、普段から、周囲の人の、どんなところに惹かれるのか、どこにキュンとするのか、それぞれの人間のその人らしさを意識的に見て、感じるということをしておくと絶対に良いと思います。僕も普段からそんなことばっかりしてます(笑)。それを知っていたからホンが書けるし、俳優も、それを知っていたらお芝居ができるんじゃないかと思います。じゃないと、感覚でお芝居をしてしまうことになる。それぞれ、周囲の人全員の良さも、全員の嫌なところも、意識して見てみるというのは、訓練というか、基礎になりますよ。たぶん、今回、僕が評価してもらったのもそこだと思います。どうしたらその人らしさが出るかばっかり考えていて、ホンを書いていました。たとえば、がん告知された母親が、カラの湯船の中に入って、一人、苦しんでいるとき、子どものあずみから電話がかかってくるシーンがあります。「お母ちゃんまだ？　8時過ぎたよ」「……あぁ、もうそんな時間か」「もうおなかすいて死にそうなんですけど。もしもしお母ちゃん聞いてる？　早く帰ってこないと餓死しちゃうかも」。ここで少し間があって、お母ちゃんが気持ちを入れ替えて、「お母ちゃん決めた。いまからあずみのために超特急で帰っておいしいカレーつくる」と言う。このあとに、ふとあずみが「うん、あー……もうちょい我慢できる。だから気をつけてゆっくり帰ってきて」と言う。この、あずみの一言の台詞によって、この二人の関係性はわかるし、その一言を書けるのが、僕の武器だと思っています。人間て、どういうとこでグッとつかまれるかばかりを考えているから、あの一言を出せるのが僕の武器なんです。
俳優にとって、人間に興味を持つというのは、技術より手前の段階の話なんだろうけど、人間なんだから、人間を演じるんだから、じゃあ人間てどんなところが素敵で、どんなところが嫌で、どんなところにキュンとするか、をちゃんといっぱい知っておくこと。それが感度を上げる方法なのかもしれないと思うんです。

三谷：人に関心がある・ないの話をすると、オーディションの自己紹介で、「人間観察が趣味です」と言う人がけっこういます。でもそれは、表面的なことも多い。だから、一概に言えないですけど、お芝居がうまい俳優に共通する何かがあるとすれば、監督や脚本家が、この作品をもって何を発信しようとしているのか、そこを自然につかみにいこうとしている人、だと思います。そういう人は、「人」を読み解いて、ストーリーよりも、その裏にある何かをつかみにいこうとする。これが感度の良さかなと思います。

才能があるか、何を必要とされているかを見極める

三谷：最後に、今後こういう俳優とやってみたいとか、ありましたらお聞かせください。また、これからの俳優にとって、アドバイスやメッセージも頂けましたら。

中野：僕たちは、人の心を動かす仕事をしているから、何に心をうばわれるかをわかっていて、人の心を引きつけなきゃいけないんです。そうでないと、表面上は上手に見えるかもしれないし、「芝居をしてないことがいい芝居だ」「何もしないのが自然だ」というふ

うになってしまう人も多い。特にそういう芝居が流行った頃はそればっかりで、もうちょっとやろうぜ！　と思っていました（笑）。でも本当に評価されている監督は、絶対に「見える」芝居を撮っている。いつのまにか見えてひきこまれているという作品をつくっている。だから、俳優は、「見える」ための武器が自分にはどこにあるのかを知っておくべきだし、これは作り手もそうだと思います。僕も自分にとって何が武器かというのがようやくわかってきて、そこで勝負したらだんだん評価されてきたし、俳優も同じだと思います。何によって、自分は人の心を動かせるのか。俳優として、どこを必要としてもらえるのかを見極めなくてはいけません。厳しいことを言えば、俳優さんて、本当に才能の世界だと思います。だから、俳優として、自分の価値はどこにあるのかをちゃんと見極めて勝負しないといけない、どこを自分が必要とされているかをちゃんと理解しておいてほしいということです。スクールの生徒さんを見ていると、まだ、自分の武器がどこなのか、わかっていないなと感じることはあります。どこで勝負しようとしているのか、人より突出して必要とされるところを自分で気づいて伸ばしていかないと、いつまでたってもドングリの背比べで自分は使ってもらえない（ただ、実は、そこにこそ、才能っていうものがやっぱりあって、そんなに本人は意識していなくても、なんか心惹かれてしまう人というのが、いるにはいる）。

三谷： 土台になるのは、人間に興味を持ち、知っていること、技術とはその次についてくるもの、ということですね。

中野： もちろん、まったく技術がない人はやりずらいですよ。でも、同じ程度であれば、技術があってうまい人よりも、「その人らしいな」と感じさせてくれるほうを僕は選ぶ。それは、そのほうが、観客を動かせるということを知っているからです。技術で上手にやってしまうよりも。

三谷：確かに、オーディションを見ていても、設定されたシーンの中でやたら器用と言いますか、小手先だけで芝居をする人にはほとんど魅力を感じないですね。

中野：そこはどこか、その人らしさが見えないからですよ。

三谷：俳優として、長く生きていくために非常に重要なお話を頂きました。本日はありがとうございました。

1――中野監督は映画24区トレーニングの授業でも、「関係性をつくる」ことを重視している。例えば演じるのが「カップル」なら、その場でまずは初対面同士の生徒の手をつながせ、散歩に行かせたりする。

PART. 4

オーディションを戦略的に勝ち抜く

ここまで、ＰＡＲＴ１ではものづくりの感覚を養うこと、ＰＡＲＴ２や３で、脚本や映画から積極的に学ぶ方法と、俳優としての姿勢についても、お伝えしてきました。ＰＡＲＴ４では、いよいよ、皆さんが一番気になる、オーディションについて、具体的に述べていきます。

仕事上、映画制作を行っていると、オーディションで審査員を務める機会も多くなります。しかし、規模の大小に関わらず、オーディションで「良い俳優にたくさん出会えたな」と感じることは、残念ながらほとんどありません。理由は二つ。まず、基礎的な技術があまりにも低い俳優が多いこと、もう一つは（意外ですが）、オーディションでどんなことを行っているか知らないまま会場にやってきて、対策もなく、右も左もわからないまま帰っていく俳優も多いことです。結局、いずれもこちらの印象には残っていません。

どうしてそんな事態になってしまうのかというと、日本ではそもそもオーディションが少なく、実際に行われている内容があまり知られていないことが挙げられます。しかし私は、もっと情報を収集しようとしない俳優側の意識の問題も大いに関係していると思っています。

この章では日本でのオーディションの実態を説明したうえで、俳優が役を勝ち取るための心構えと、具体的な戦略の立て方についても、述べていきます。

オーディションは、実は極端に少ない

オーディションは〈1〉映画や舞台、CMなどの制作会社が、作品のキャストを選考することを目的として開催するもの、〈2〉芸能事務所が新人採用を目的に開催するもの、と大きく二つに分かれます。この章では、〈1〉のほうのケースを中心に見ていきます。〈2〉の芸能事務所についても、最後にふれます。

まず大前提として、〈1〉の場合ですが、日本では作品のキャストを一般公開のオーディションで選考することは、極めて少ないという現状を知っておいてください。世界的に見ても、オーディションがここまで少ない国は珍しいかもしれません。テレビドラマにおいては皆無に近いです。ただこの理由は誰でも少し考えてみればわかることです。テレビ局が手掛けるドラマの大半は企業スポンサーの提供で制作されているので、視聴率を上げるために人気のある俳優をキャスティングするのは当然のことです。CMも同様で、お金を払う企業は広告を通じて多くの人に自社の商品やサービスをPRするために、コンセプトにあった影響力のあるタレントを起用します。無名

の新人俳優が入りこめる余地など全くと言っていいほどありません。

このようにテレビドラマやCMにおいてチャンスが少ない分、映画のオーディションに期待したいところですが、実態はさほど変わりません。毎年発表される邦画の興行ランキングを見てください。上位20本の内、約半分は大手メジャーが配給する「ジブリ」「ドラえもん」「名探偵コナン」「プリキュア」といった、アニメ作品が並びます。声優の仕事はあっても、俳優の出る幕はありません。もちろん、アニメからの実写作品もたくさんありますが、東映の「仮面ライダー」「戦隊シリーズ」を除くと、テレビ局が中心となってベストセラーの小説か漫画を原作に、人気俳優を並べ変えてキャスティングし、映画風のテレビドラマを作っているのが現状です。キャストを公開オーディションで決めることは滅多にありません。

では、独立系映画会社が手掛ける小さな作品ならば、頻繁にオーディションが行われているかというと、残念ながらそうでもないのです。というのも、彼らは大手の映画会社に比べ、非常に少ない制作予算でやりくりしているので、現場からすればお金も時間も労力もかさむオーディションは極力やりたくないという意向が強くなるのです。

演劇の場合は、国の助成金で制作される作家性・芸術性の強い作品では公開オーディションが行われる場合がありますが、演劇界全体からすればオーディションが開催されるというケースは極めて少ないようです。大手会社が手掛ける大劇場での演劇は、メジャー映画と同様、観客動員力のある人気俳優がキャスティングされますし、小劇場の作品では制作予算を回収するため、実力よりも身内や友達に多くチケットを販売できる役者が優先的に選ばれているのが実情です。

こう書いてくると「じゃあ実際、オーディションは一体どこで行われているの？」という質問がでてきそうですが、冒頭に書いた通り、「日本では作品の公開オーディションはほとんど行われていない」という残念な回答をせざるを得ません。

無駄なオーディションに時間を奪われてはいけない

日本で、作品のキャストを決める公開オーディションが極めて少ない現実をきちんと認識したうえで、次に、皆さんはどう作品にアプローチし、出演できるチャンスを得て、ライバルとの競争に勝ち抜いていけばよいか、順を追って考えていきますが、それには、まず、あくまでオーディションで戦えるだけの技術をあなたが持っている、もしくは体得するために日々訓練を継続して行っていることが大前提です。技術もないのに、むやみやたらとオーディションを探し、トライし続けることは「私は技術の覚束ない俳優です」と業界内に告知してまわっているようなもので、可能性あるあなたの将来を潰しかねません。できれば3年、少なくとも2年間は良質な演技訓練を積んだうえで、初めてオーディション対策と今後の戦略を考えるべきだと思います。

さて、話を元に戻します。一般公開のオーディションがほとんど開催されていない日本ですが、だからこそあなたは躍起になってネット上や専門誌を隅々まで探して、何かしらのオーディション情報を見つけてくるでしょう。それ自体は決して悪いことではありません。貪欲に攻める姿勢は俳優を続けていくうえで何より大切です。ただし、無駄なオーディションにだけはあなたの貴重な時間を奪われないようにしなければいけません。「無駄なオーディション」とはすなわち、その先にある仕事の価値が低いものです。

世の中には俳優にとってプラスになる仕事よりもマイナスになる仕事のほうが圧倒的に多いと思っておいたほうがいいでしょう。俳優は仕事の価値を見極める技術を若いうちから身につけておく必要があります。この技量は芝居経験の長さではなく、普段から映画にせよ、演劇にせよ、いかに良質な作品や練られた脚本に触れているかが大きく影響します。作品を創った人たちが何を表現しようとしているかを自分の頭で考える訓練を積むことで、作品、そして自分が本当にやるべき仕事を見極める力を養うことができます。中には「若いくせに仕事を選ぶな」という考えの方もいらっしゃるでしょう。仕事の内容を問わず何でもコツコツと積み重ねて生き残ってきた先輩俳優は多いですし、私も若いうちは経験を積み重ねる意味でも積極的に仕事は受けるべきだと基本的にはそう思っています。ただ、そういった状況の中でも、仕事の内容はできる限り吟味する習慣は持っておきたいものです。制作体制が整っていないのにオーディションだけを先行して実施する映像団体や、全く練られていない脚本を俳優と演出家で楽しんでいるだけに近い劇団などは非常に多いので、要注意です。自分を鍛える貴重な時間を削ってまで取り組む価値のある仕事なのか、よく考えてください。俳優の生活にとって、無駄な時間を過ごさないことは演技訓練の時間を捻出することと同じくらい大事なことなのです。

実り少ないオーディションで疲弊する事務所出身の先輩俳優たち

では、芸能事務所に所属さえしてしまえばオーディション情報がたくさんまわってくるので、俳優としてはとりあえず安泰では？　と考えてしまうでしょうか。そう本気で信じている「事務所信者」が東京には非常に多いのですが、そんなに都合のいい話はありません。確かにテレビドラマの「その他大勢の役」や、バラエティ番組の中で使われる「再現VTRでの役」のような仕事であれば、フリーの俳優に比べて、事務所に所属している俳優のほうが入ってくる情報の数は多いかもしれません。ただ、限りある時間と俳優の将来を真剣に考えた場合、どれだけその仕事あるいはオーディションに時間を使う価値があるかは疑問です。

芸能事務所は事業会社ですから、無数ある競合の中で生き残っていくために、何よりお金になる俳優、お金になる仕事を優先するのは当然のことです。東京には無数の芸能プロダクションが存在しますが、残念ながら新人俳優の教育を何よりも優先してくれる余裕のある会社は、それほど多くありません。

ただ、俳優の教育・マネジメントは長期的視野での戦略が欠かせないと考える私からすれば、新人俳優ほど周りの環境や時間の使い方は大事なので、専門家がきちんと考えて取り組まなければならないと思っています。訓練する時期をどのように過ごすかが、その俳優の今後の成長を大きく左右すると言っても過言ではありません。限りある俳優の貴重な時間を、目先のお金にしかならない仕事やオーディションで消費してしまっていいものかと、俳優のことを考えれば気掛かりで仕方ありません。会社にとっては収益でも、俳優にとっては大きな損失ではないかとさえ思います。

俳優志望者の皆さんに、所属事務所を説得できるだけのアドバンテージやしっかりとした信念があればいいのですが、そうでなければ実り少ないオーディションや仕事にあなたの貴重な時間を食い潰されてしまうだけです。最初はオーディションや撮影の現場にいるだけで、なにか充実しているように感じてしまうかもしれませんが、幾度と繰り返しているうちに間違いなくあなたは疲弊してしまいます。早くから芸能事務所に所属していたわりには、俳優としてパッとせず、かといって技術も磨こうとせずに結局もがき続けている俳優を、私はたくさん知っています。これからの可能性ある俳優志望者の皆さんには、そうなってほしくないと思っています。

長い目で見たときに、俳優として芸能事務所からきちんとしたマネジメントを受けることは必要ですが、力もないのに安易に芸能事務所に所属してしまうと、自分でオーディションや仕事を選択できなくなる、つまり一番大切な時期と時間をコントロールできなくなるというリスクも伴うことを、覚悟しておいたほうがいいでしょう。

オーディションの選考過程～何が審査されているのか

ここからは、私が実際に審査を務めた作品をもとに、オーディションとはどのように進行していくのかをお伝えしましょう。

例に挙げるのは、2015年10月からABC朝日放送で放映された『チア☆ドル』というテレビドラマです。チアリーディングのコンテストに参加するアイドルを描いた本作では、メインキャスト全員をオーディションによって選出するという、テレビ界では前代未聞のことを実施しました。所属事務所や経験も問わないという条件下で、監督やプロデューサーは俳優のどんな部分を見極めようとしていたのか、参考にしてください。

一次審査（書類選考）

当落を決める「書類としての完成度」

『チア☆ドル』に限らず、オーディションはたいてい書類選考から始まります。主にはプロフィール審査です。書類から受ける印象と、実際に会ってみて受ける印象とでは随分違いますので、審査側は気になる人はできるだけ直接会ってみたいと思っています。ただでさえオーディションの数が少ない日本では、一度公募を行うと相当な応募者が集まりますので、膨大な書類の中からいかに目立つかも考えておかなければなりません。ちなみに、『チア☆ドル』では大手プロダクション所属者をはじめ、1000人を超える俳優の応募がありました。そこから半数以上、約700人を書類選考で落としています。

参考 プロフィール見本 （P.174〜175）

∵「写真」は美男美女に映るよりも「印象が良い」こと

書類で落とされる原因は容姿の悪さだろうと考える人は多いでしょう。しかし、アイドルやモデルのオーディションならともかく、芝居を大事にする良質な映画やテレビのオーディションでは、容姿だけで選考の合否を決定することはありません。はっきり言うと、書類の段階で落とされてしまう人は単純に書類としての完成度が低い、言い換えると雑なのです。こんな人は現場でもチームの足を引っ張るのではないか？と不安にさせるのです。では、書類としての完成度とは具体的にどんなことでしょうか。

まずはあなたの第一印象を決めるプロフィールの最重要項目は何といっても「写真」です。自宅などで家族や友達に撮ってもらった写真を貼りつけている人がたま

情報の漏れや、誤字脱字はないかチェック

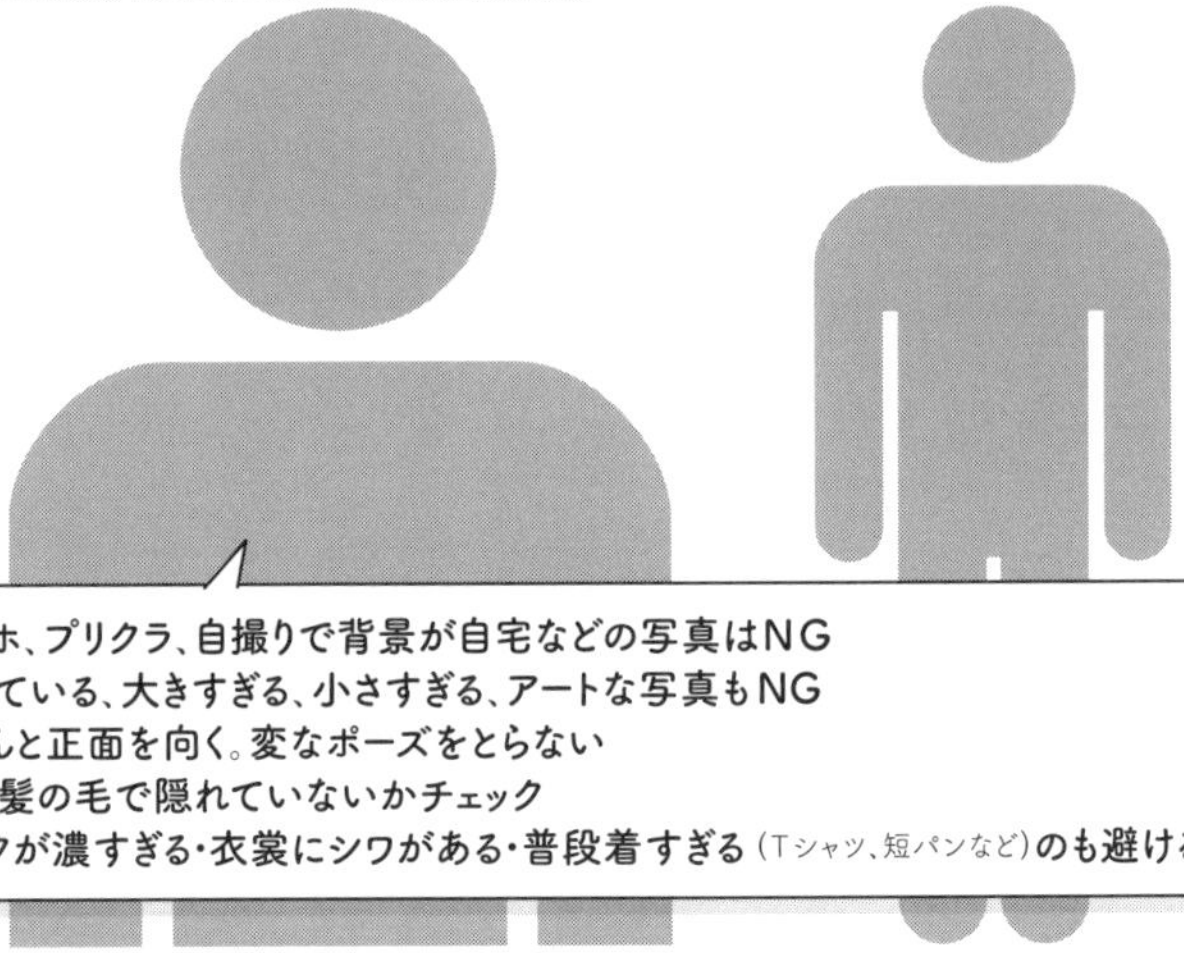

・スマホ、プリクラ、自撮りで背景が自宅などの写真はNG
・折れている、大きすぎる、小さすぎる、アートな写真もNG
・きちんと正面を向く。変なポーズをとらない
・顔が髪の毛で隠れていないかチェック
・メイクが濃すぎる・衣裳にシワがある・普段着すぎる（Tシャツ、短パンなど）のも避ける

自己PR
・どういう環境で育ち、どういう形でお芝居と出会い、今後どういう作品に関わっていきたいのか

・親の同意や連絡先の記載をきちんとする（未成年の場合）

資格・免許

趣味	
特技	

・人となりを連想させてくれるものが良い

保護者同意欄
氏名 印

・殺陣、乗馬、アクション、バレエ、ダンス、歌、語学、スポーツなど役を連想できるものが良い

プロフィール見本

・用紙が汚れていないか、

履歴書

記入日　　月　　日

フリガナ		性別	男　・　女
氏名		生年月日	年　月　日（満　歳）
住所		電話	
		e-mail	

サイズ	身長	体重	バスト	ウエスト	ヒップ	靴のサイズ	視力

年	月	出演実績（TV・舞台・CMなどの経験）

・タイトルだけでなく、映画、テレビ、PVなどジャンルも書く
・演出家、監督も書く
・舞台の場合、劇場名も書く
・人名の漢字を間違えない
・役名を書く（ただし、エキストラの場合は不要）
・役名のないエキストラ出演はたくさん並べても実績にはならない
・映画や演劇の受賞実績は書いておく

好きなスポーツ	
好きな芸能人	
好きなTV・映画・本など	

・「特になし」だけはやめよう
・スポーツは苦手とは書かないほうがいい

にいますが、あまり印象はよくありません。これだけで判断したくはないのですが、ゆっくりと吟味している時間もないので、私ならその時点で合格ラインから弾くかもしれません。最近では町の写真屋さんが5000円程度から撮影してくれるようですが、もう少しお金をかけるべきだとは思います。できれば衣裳やヘアメイクも専門家にお願いしたいところです。少なくとも、できた写真のレタッチ修正は必ずやってもらいましょう。お金をかければいいというわけではありませんが、オーディション用の写真にはお金をかける価値があります。

一方で、グラビアアイドルのように、無駄なポージングを見せつけてくる写真も未だに少なくありません。多少の動きはあってもいいのですが、過剰に身体をねじったり傾けたりすると、プロポーションがわかりにくくなるので、正当な判断ができません。それに、不真面目で浮ついた人という印象を審査員に与えてしまうかもしれません。プロフィール写真では「美男美女に映ること」ではなく、「印象よく映ること」を心がけてください。

∵「出演実績」はたくさん書けばいいわけではない

次に出演実績の項目です。ここに出演した作品を何でもかんでもたくさん並べておけばいいというわけではありません。大切なのは、出演した作品の「数よりも中身」です。出演作が多いほど俳優の評価が高くなるということは決してありません。事務所に所属していれば、たとえば若い男子は不良生徒やチンピラもの、女子は学園ものなど、出演人数が大勢必要となるテレビドラマに放り込まれますので、たとえ大根役者でも出演作だけはやたらと増えていきます。審査側がぎっしり並んだ作品履歴を見て、「大変だな」と思うことはあっても、これを実績と捉えることはほとんどありません（私なんかは、それよりもこんなところで時間を消費しているから芝居が上達しないのだなと変に納得してしまいがちです）。

俳優の実績として一番効果的な作品は何といっても「良質な映画」です。監督が実績のある人だと尚良いです。1本でいいので強い映画への出演実績を早く持てるようになることが、俳優にとっては何よりも早くステップアップできる近道になることを断言しておきます。出演作品は「数打てば当たる」わけではないのです。

作品のジャンルを必ず書くこと

まず、出演した作品のジャンルを、必ず書いてください。映像の場合だとテレビなのか、CMなのか、PVなのかを、驚かれるかもしれませんが、出演した俳優本人さえわかっていないことも多いのです。またテレビ一つとっても、地上波、ローカル、

BS、CS、WOWOW、スカパーなど複数ありますし、最近ではwebによる配信作品も増えました。一つ一つのメディアをきちんと把握しておくことは大切です。

俳優がそこまで知っておく必要があるのか？　と思う人がいるかもしれませんが、俳優業で食べていこうと本気で考えているのであれば、これは当然押さえておくべきことです。芸能の世界は非常に限られた狭い世界で、大抵の仕事は関わる会社やスタッフを紐解いていけば、必ず他のどこかで誰かと結びつきます。特に日本の場合は、人間関係でつながっていく仕事の割合が多く、そういう意味でも、自分が出演した作品の制作会社や放送メディアは少なくとも押さえておくべきです。自分の仕事をよく理解できていない人は、事務所に言われるがまま現場に出向いているだけの受け身体質が染み付いていると思わざるを得ません。そんな人と一緒にものづくりをやっていくイメージは持ちにくいものです。

∵監督や演出家の名前も書くこと

次に出演した作品の監督や演出家の名前は書いておくといいでしょう。オーディションの書類審査を中心になってやっているのは、監督を含めた演出部です。演出部の助監督たちは普段から多くの現場、多くの監督たちと仕事をしていますので、面識のある監督作品をプロフィール上で見つけたりすると「○○監督の作品に出演していたのか」とその俳優の信用度が上がったりします。このように芸能の世界はそういった人のつながり一つで仕事が広がったりしますので、できることなら出演した作品に関わったスタッフ全てを忘れないように覚えておきたいものです。

その他、役名についてですが、皆さんなぜか出演した役が小さくなればなるほど委縮してしまうことが多いです。謙虚な俳優さんは好まれますが、プロフィールの「出演実績」欄では、役の大きさに関係なく自信を持ってＰＲするべきです。そもそも審査側からすると役名を言われたところで主演でもない限りは役の大小なんてわからないのですから。たとえエキストラだとしても堂々と作品名を書いておけばいいでしょう。ただし、親切ご丁寧にわざわざ「エキストラ」と表記する必要はありません。

二次審査（演技力・身体能力）

会場に着いたときからオーディションは始まっている

『チア☆ドル』オーディションでは３００人が一次の書類選考を通過し、実技選考の会場に呼ばれることになりました。この項では会場での立ち振る舞い（やや意識的でいやらしい気もしますが）を中心に、競争に勝ち残れるコツをできるだけ具体的に書いてみようと思います。

『チア☆ドル』二次審査では2日に分け、身体能力のテストと、基礎的な演技力のテストを行いました。本編でチアリーディングのシーンがあるため、ある程度の運動神経は必要だったため、演技が上手くてもあまりにも体が動いていない人は、この時点で落としています。

しかし、あらかじめ伝えられたテスト以外でも、審査員は目を光らせているのです。俳優たちの当日の流れとして、オーディション会場についたら受付を済ませ、その後はスタッフに誘導されて控室で待たされることが多いと思います。私は審査の合間にふらっと、控室にいる人を覗きに行く場合があります。控室で台本を真剣に読んでいる人の表情、音楽を聴きながらリラックスしている人の姿、友達と楽しそうにしゃべっている人の声などを直接聞いたりします。審査会場に入ってしまうと、現場の雰囲気にのまれて動きが堅くなってしまう人がいるので、あえてこういう違ったアプローチでイメージしている役の子を探してみたりするのです。

また、受付をしているスタッフに、「印象の良かった子いる？」と聞くことも多いです。スタッフが初めて会ったときに受けた印象と審査会場で私が受けた印象とがあまりにも違いすぎる方は、選考から落とす場合が多いです。

映画の場合は長い時間を多くのスタッフと共にするので、コミュニケーションがきちんととれるか、一緒にものづくりに向かっていける俳優なのかをとても大事にしています。

つまり、審査は会場についた時からオーディションが始まっていると思ったほうがいいでしょう。

三次審査（ワークショップ）
問題児と組まされたときこそ、PRのチャンス

『チア☆ドル』オーディションの三次審査に進んだのは80人ほどでした。そこからはワークショップの形を取り、チームごとに分けて芝居を見せてもらいました。すると、二次審査まででは見抜けなかった「問題児」が見えてきます。

台詞を入れてこない（覚えてこない）でオーディションに来る。そんな俳優がいるのかと驚かれるかもしれませんが、最近はそういう若い人が結構います。憎めないキャラクターや、その場のノリで押し切れるとでも思っているのでしょうか。不安そうな顔をしている俳優を見ると、優しいスタッフは「台詞を忘れてしまったら、台本持ったままやっていいですよ」と言って気遣ってくれますが、当然いいわけがありません。緊

張で台詞が飛んでしまうことはあるでしょうが、本番でそれをやってしまうと、撮影が完全に止まってしまいます。多くの人に迷惑をかけることになりますから、そんな俳優を現場に行かせるわけにはいきません。当然、そんな問題児は、台詞を覚えていないことがわかった時点で不合格決定です。あなたがプロの俳優としての意識が少しでもあるのであれば、本番であれ、オーディションであれ、レッスンであれ、受け取った台本はどんな事情があろうと完璧に頭に入れてきてください。

さて、問題は台詞を入れてこない問題児と同じグループになったときです。オーディションで2~3人の複数芝居をやる場合は、俳優それぞれがシーンの目的を正確に理解して、一つのシーンを成立させられるかどうかを主にチェックしているのですが、台詞を忘れてしまうような問題児が一人でもいると、周りの俳優は、何か対策を考えないといけません。悪い方向にひきずられてしまうからです。問題児だけが落選すればいいのですが、シーン全体が崩れた場合は、一緒に演じた俳優もまとめて落選となるケースが多く、これは気の毒だとしか言いようがありません。よく失敗するパターンとしては、このままだと問題児と一緒に落選してしまうと察した相手役が、本来の台本のシーンの目的を無視して独りよがりの芝居を始めることです。焦る気持ちはわかりますが、これではこちらが見るべき部分が全くなくなってしまい、確実に落とされてしまうでしょう。

では、もしあなたが組んだ相手が台詞を入れてこなかった場合、どう対処すればよいでしょうか？

映画24区トレーニングではこんなときこそ、逆にチャンスだと教えています。不幸面して戦意喪失している場合ではありません。審査員は演技のプロですから、問題児と組まされた俳優たちが、状況的に不利であることは見た瞬間にわかっています。そこからいかに巻き返せるか。おそらく普通の人を見るよりも、注目しているはずです。

まずは台詞を忘れた問題児ですら、しっかりと受け止めてやってください。そして落ち着いて「このシーンの目的は何か？」に立ち戻ることです。普段、台詞の言い方まで固めて覚えてくる人は、相手がこのような想定外の行動（台詞忘れも含め）をしてきたときに対応できず、自分自身も機能停止（思考停止）に陥ってしまいます。脚本のシーンの目的をしっかりと掴めている人は、その中で起きたやりとりが多少違っても柔軟に対応し、本来の目的の方向に誘導することができるはずです。ただし、これは俳優に相応の力量が求められますので、最初から誰もが簡単にできるわけではありません。

しかし、もしもオーディションでこれをやり遂げてみせたなら、審査員からの評価は急上昇します。現場でも、相手の演技に合わせて演技を変えられる能力があるだろうと、太鼓判を押されたことになるからです。アドリブや急な台詞変更にも対処してくれるでしょう。このように問題児とのグループでは俳優としての技量が試されることになるのです。

最終選考（演技の確認・キャスト のバランス調整）

審査員が俳優を見るポイント

『チア☆ドル』オーディションの最終選考に進んだのは約40人でした。俳優たちの演技をもう一度確認して、キャストのバランスを考え、メインキャスト8人とサブキャスト8人を選出しました。

では最終選考の芝居の実技で、審査員は何を見ているかの話をしましょう。作品の方向性や審査する人の立場によって見るべき視点が異なる場合もありますが、プロデューサーにせよ、監督にせよ、基本は同じだと思います。

私が実技のオーディションに立ちあう場合、俳優を見ているポイントは三つです。

一つ目は、この本の中で繰り返し言っている「脚本を掴めているかどうか」です。

オーディションで俳優に脚本1冊を渡すケースはほとんどありませんが、抜粋されたペラ2、3枚のシーンからでも、こちらが求めていることは同じです。「このシーンの目的は何か？」。これを意識できていない人は、問題児にせよ、どんな相手にせよ、組んだ相手側がミスをすると一緒に間違った方向へ流れてしまいます。

二つ目は、「相手の芝居を受ける技術を持っているか」です。自分の台詞はしっかりといれてきても、芝居中に相手の声をちゃんと聞いて反応している人はごく僅かなのです。私は台詞を喋っていない側の顔を、いつも見ています。

三つ目は、「監督に指導を受けてから、あなたに修正できる力があるか」です。これは監督の演出意図を即座に理解できる力と、さらに芝居を修正できる柔軟性を持ち合わせているという能力のかなり高い人の話なので、オーディションで出会える機会は少ないです。ただ、昨今の撮影時間が少ない現場ではこういう人はとても貴重です。

『チア☆ドル』オーディションに集まった1000人を超える俳優は、スタッフと手分けして書類選考から一人一人を丁寧に見ました。そのうち、普段から専門的な演技訓練を受けている人は20人もいなかったと思います。まさかここまで皆さんが鍛えられていないと思っていなかったので、大変驚きました。これでは時間やコストをかけてオーディションをやろうとする制作会社などが減るのは無理ないなあとも思いました。

ただ、これは俳優からしてみればチャンスなのです。集まる人数だけ見ていたら競争率が高い気がしますが中身はスカスカですから。普段からきちんと演技訓練を積んでいる人は確実に残っていけると思います。

それからよく最終選考で落ちてがっかりしている俳優を見かけます。あと一歩というところなので、大変悔しい気持ちはよくわかるのですが、全く気にすることはありません。なぜなら製作者側が求めるキャストイメージに合わなかった、最後は、ただそれだけです。俳優としてのスキルは認められていますから、自信を持ってください。プロデューサーも監督も常に複数の企画を動かしていますので次なる審査が始まっています。きっとあなたにピッタリあった役が巡ってくるでしょう。

問題は最終選考まで残れない人たちなのです。どこのオーディションでも、最終まで残れるのは全体の約10%ですが、普段から演技訓練を継続して受けていればライバルの少ない日本においてはそれほど難しいことではないはずです。

この章の冒頭に、「日本はオーディションが少ない」と書きました。選考される場がないということは俳優の競争意欲をそぐことになり、結果、俳優全体の質を落としています。この事実自体は大変残念なことではありますが、だからこそと言いますか、しっかりと業界の実情を捉えつつ、戦略的に自己のスキルを磨き、オーディションにアプローチしていけば、必ず勝ち抜いていけるでしょう。

面接の「自己PR」対策：審査員の視点に立つ

さて、選考過程を見てきましたが、控室からオーディション会場に呼ばれたら、真っ先にやることは、自己紹介です。ただ自己紹介といっても、審査側には事前にプロフィールが渡っていますので、一通りの情報は把握しています。ですから審査側が何を新たに見たいと思っているのかを知っておけば、気持ちのうえでとても楽になるかと思います。

映画24区トレーニングでは、定期的に「審査側の視点に立つ」という訓練をやっています。俳優たちを2グループに分けて、審査をする側と受ける側になってもらい、実際にオーディションをやってみるのです。終わった後、審査をした側の俳優たちに「どの人が一番いい印象だった？」と聞くと、決まって同じ人を指します。逆に印象の悪かった人を聞いても、たいてい同じ人になります。つまり自己紹介の印象なんてものはプロの審査員でなくとも、誰しもが揃って同じものなのです。では統計的にどういった人の印象が良く、そして悪いのかを見てみましょう。

印象がいい人はとにかく明るく、清潔感がある人です。最初から最後までニコニコされていると少し気持ちが悪いですが、時折見せる笑顔も必要です。見た目も大切ですから、清潔な格好を心がけることはもちろん、もし役のイメージが指定されているのであれば、できる限りそれに近い服装やメイクを準備したほうがよいでしょう。男女共に、長い髪の毛で顔や目が隠れてしまっている人が結構いるのですが、芝居のときに俳優の顔の表情を審査員は注意して見ているので、しっかりと顔が見えないのは損です。長い髪の毛は束ねたりしましょう。

一方、印象が悪いのは話の長い人です。私の経験則でしかないのですが、話が長い人というのは、自分の中でも伝えたいことが具体的な言葉で整理されていないケースが多いのです。こういう人は芝居になっても脚本の肝を捉えられていないことが多く、質問をしても答えの的が外れがちです。これはもう脚本へのアプローチ含めた専門的な演技訓練を積んで、改善していくしかありません。

「印象は悪くないのに記憶に残らない」人の原因

それから「印象が悪くはないけど記憶に残らない人」がいます。オーディションにきた俳優全体の中でこのタイプの人が7割近くを占めます。理由は二つあると考えています。

まず一つ目に、いろいろなものをまとい過ぎているからだと思います。個性的であろうとすればするほど、残念ながら我々が見たいものは見え難くなります。よく谷口正晃監督がレッスン中に俳優に比喩で「パンツを脱げ！　羞恥心の壁を乗り越えなければ、自分と違う人間になりきるなんて不可能です」（『俳優の演技訓練』P.98より）と仰っていますが、何か通じるものがある気がします。

もう一つの理由は、自分の世界観を持っていないことではないかと思っています。礼儀正しすぎる人、無難な答えしか返してこない人は、就職活動などの面接対策の本でも読んで、オーディションにやってきたのではないかと疑ってしまいます。生活の中での具体的なエピソードトークでもいいので、その人の人間性が見えないことには一緒に仕事がしたいとはなかなか思えないものです。PART5の「良質な作品を引き寄せる力を磨いておこう」という項で書いていますが、自分が何者であるかを知って、あなたが表現したいと求めている世界観とは何かを明確にし、人に伝えていくという訓練が必要です。そうすれば自ずとあなたの内面から何か魅力的なものがあふれ出てくるでしょう。

面接対策：どんな質問がとんでくるか？ どんな質問をしたらいいか？

さて、ここからは普段私がオーディションで皆さんによく質問することと、またどんな質問を受けているか、面接の対策について述べてみたいと思います。

「今回の脚本を読んだ感想を聞かせてください」

この質問だけで、俳優が普段どのように脚本と接しているかが、ほぼわかってしまいます。

この質問には慎重に回答してください。「面白かった」「かわいそうだった」といった小学生の読書感想文のような安易なコメントだけは避けましょう。監督やプロデューサー陣がどのようなメッセージを観客に届けようとしているのか、ものづくり側に立つ、いちスタッフとしての意見が聞ければとても嬉しいですが、普段から脚本や映像に触れている人でないとなかなか難しいとは思います。PART2で述べたような脚本を読み解く技術をぜひ習得しましょう。

「どんな作品が好きですか？」

誰が何を見てどう感じても本来は自由なので、細かいことは言いたくないのですが、一つ気にしてほしいのは、皆さんが「俳優」という仕事をどこまで意識しているかということです。例えば重厚な人間ドラマを題材にした映画のオーディションがあって、これから長い間、時間や考え方を共有できる俳優を探そうとしているときに、好きな作品がテレビのバラエティ番組や、安易な学園ドラマだったりすると「この人と同じ共通言語はあるのかな」と不安になってしまうことはあるかもしれません。

「運動や、身体を動かすことは得意ですか？」

これは質問というよりも、私がオーディションをする際にいつも関心を持っていることです。俳優はスポーツ選手同様、声や身体（肉体）を使って仕事をする人です。だから運動神経は絶対いいほうが有利だし、身体は普段から鍛えておく必要があります。身体を使うものであればダンスや歌、スポーツなど、何でもいいと思います。もし運動経験があるのにプロフィールに書いていない人がいれば、ぜひ追加しておいたほうがいいと思います。逆に、オーディションでは運動が苦手であったり、体力に自信がないといった内容のことは、事実でも伏せておいて、どうか、どこかでこっそりと隠れて身体を鍛えてください。

「他に何か聞いておきたいことはありませんか？」

昔はこちらがわざわざ聞かなくても、勝手に何か特技を披露してくる俳優が多かったのですが、最近のオーディションでは、ほとんど何も聞いてきません。無理やり何か言おうとする必要はありませんが、ものづくりの立場になってみればいろいろと聞いてみたいことが出てくるはずです。少なくとも役に対する貪欲さは見せてほしいと思います。

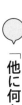

「台詞の語尾を変えてもいいですか？」

これは、こちらからの質問ではなく、俳優の皆さん側からあがってくる質問ですが、この質問に対して、私は「シーンの目的を損なわないのであればＯＫ」だと回答しています。ただし、いい脚本というのは、当然、シーンの目的を考えて台詞の一字一句までですべて計算されたうえで構成されています。一つ語尾を変えてしまうとシーン全体が壊れてしまうことも多くあります。そこに気づけているかどうか。

似たような質問で「方言を変えてもいいですか？」という質問もありますが、いいわけがありません。全く別の台本になってしまいます。このあたりは普段から1冊の脚本で勉強していれば掴みとれるはずなので、この質問をしてくるということはこの俳優はわかっていないのだなと思ってしまいます。

「場面設定を確認してもいいですか？」

もちろんOKです。オーディション会場ではセットなど組まれていませんから、家の中の設定だとしたら「扉はどこにある？」「窓はどこにある？」などの設定は、演者の中で共有しておかないと芝居がちぐはぐになってしまいます。きちんと場面の状況を把握しようとするからこそ出てくる、とてもいい質問だと思います。

これで以上です。総じて大切なのは、審査員の質問に対して100点満点の答えを用意してくるのではなく、質問の背景にある意図を読み取り、自分の頭で考え、自分の言葉で答えることです。今後のオーディションの際に、ぜひ参考にしてみてください。

子役オーディションで、親に望むこと

さて、本書は若い俳優、あるいは俳優志望の人に向けて書いていますが、関連して、普段からどうしても気になっている子役についても、述べておきたいことがあります。子役については、普段からの親御さんの熱心な指導が大きく影響しているのだと思いますが、オーディションを見ていると、残念ながら審査員側が求めている子役像とはやや乖離している気がしています。決して安くはないお金と貴重な時間をお子様に注ぎ込んでいるでしょうから、少しでもいい結果がでるように、アドバイスさせていただきたいと思います。

学校生活こそ最高の演技訓練の場

オーディションに来る子供たちと話していると、毎日お稽古事や演技レッスンでとても忙しそうです。「学校はどうしているの？」と聞くと「休んでいる」と返ってくることも少なくありません。それぞれの方に教育方針があるのだと思いますが、「俳優教育」という観点で言うならば、学校生活より芸能活動等を優先することは、勉強や友だちとの時間を奪われるだけでなく、俳優としての成長も確実に阻害します。

こんなことを言ってしまうと元も子もありませんが、いい俳優になるための素養は、幼少期から大人になるまでの家庭環境や社会環境によってほぼ生成されてしまいます。いかに幸せな時間を過ごしてきたかという話ではありません。喜び、悲しみ、嫉妬、憎悪等のさまざまな感情が交差する他人との共同生活の中で、どれだけ多くの人間に出会い、多くのものを見てきたかが重要なのです。

特に学校生活やクラブ活動は性別、年齢、価値観が違う人たちと時間を共有できる貴重な時間です。それを自ら手放す損失は計り知れません。演技や発声など、技術的な訓練は高校生になってからでも十分です。俳優という仕事は、何も英雄や女王といった浮世離れしている人ばかりを演じる仕事ではありません。皆さんのすぐ周りにいて、皆さんと同じように些細なことで喜んだり、悲しんだりする人間たちを演じる仕事なのです。大事な子供の将来を思うのであればこそ、今経験できる時間を、一生懸命生きる大切さを、ぜひ教えてあげてほしいと思います。その時間が将来俳優として生きる大きな武器になることは間違いありません。

オーディションは、対策を練るよりも「考える力」を育てる

最近の子役オーディションについて感じることは、とにかく芝居が「上手すぎる」ということです。これは決して褒めてはいません。言い方を変えると「子供らしくない」。特に東京で開催する子役のオーディションは顕著です。誰も台詞を間違わないし、審査員から聞かれた質問には、大人顔負けの100点満点の回答を返してくれます。ただ、これだけ完璧なのにどの子も、人間が見えてこないのです。

私が最近関わった映画『校庭に東風吹いて』では、学校など特定の状況下で言葉が出なくなる「緘黙症《かんもくしょう》」を題材に、先生と子供たち同士の関係を描いた作品です。この映画に出演してもらうクラスメイトを選ぶために、小学校4年生前後の子供たちに、2ヶ月かけてオーディションを行いました。その中で特に印象的だったのは、監督が子供たち一人一人に「緘黙症の子についてどう思う？」と聞いたときのことです。「緘黙症」という病気は、大人でも知らない人がほとんどですから、おそらく子供た

ちはオーディション前に親からたくさんのことを教わってきたのでしょう。「かわいそうだ」「なんとかしてあげたい」と答える子がほとんどの中、一人だけ、「特にかわいそうだとは思わない」と答えた子がいました。その理由を聞くと、どうやら実際に人前で話せなくなる子が近くにいるらしいのですが、そこを除くと普通の友達となんら変わらないと言うのです。そう聞いて私は自分が子供の頃にも人前で話せなくなってしまう子がいたことを思い出しましたが確かにあまり気にしたことはありませんでした。子供の感覚からすると大人が気にするほどのものではないのかもしれないし、またそれがある種の残酷さだったりするものです。私はこういった「自分の感覚で話す」子を見つけると、役に合うか合わないかは飛び越えて、ぜひ映画に参加してほしいと思います。

このように、審査するスタッフは私に限らず「正解の回答」を求めているのではなく、子供自身が素直に感じているもの、考えていることを知りたいし、それを本人なりの言葉で話せる子を探しているのです。

子供時代の芝居は通用しなくなる

映画24区トレーニングにきている生徒の中にもいますが、演技の習得において苦労するタイプとして、子供の時から長く役者を続けている人たちがいます。何に苦労するか、なぜ苦労するか。誤解を恐れずに言いますが、子供時代に大人たちから「いい」と言われていた芝居は、大人になるとほぼ通用しなくなります。まず、子供の芝居に対して「ダメだ」という親や先生を探すほうが難しいかもしれません。基本、大人たちは子供の機嫌をとるかのように芝居を褒めまくります。褒められ続ける子供たちは「大人が喜んでくれる芝居」を無意識のうちに身体に染みこませていくのです。「大人が喜んでくれる芝居」とは、つまり記号の芝居です。笑う、怒る、泣くなどの感情を、記号のようにとてもわかりやすく、かつタイミングよく表現してくれます。泣けと言われればいつでも泣くことができるのは、ある意味すごいことだと思いますが、これが大人になるとそうはいかなくなるのです。

子役で人気があったのに大人になると見かけなくなる俳優が多いのは、そういうことです。長年かけて染み付いた大人向けのサービス演技は簡単に取れるものではありません。

では、こうならないためにはどうすればいいか。まずはテレビでも映画でも演劇でもいいので、「観客側の経験を多く積む」ことでしょうか。一方的に演じる側の体験だけではなく、観客としての体験もするということです。そして本人が何かを演じたいと思い始めたときに、「俳優」とはどういう仕事なのかをきちんと教えてあげることです。そして何より、大人に褒められる喜びではなく、何かを表現することの喜びを、少しずつでいいので経験させてあげられたらと思います。そうして大人になったときには、それは誰にも負けない武器になることでしょう。

東京に出ること・芸能事務所に所属することを第一目的にしない

さて、ここからは、冒頭の日本でのオーディションの〈2〉芸能事務所が新人採用を目的に開催するもの、に関連して、芸能事務所について述べたいと思います。

その前に、まず、俳優を志す皆さんにこれだけは言っておきたいのですが、大学や専門学校に進学するわけでもないのに、俳優になるために「まず東京に行こう」という考え方をするのは、とても危険です。地元にいても何から始めたらいいかわからないし、教えてくれる人もいない。焦る気持ちはよくわかります。でも、東京に行けば、何か掴めるのか。

確かに、東京に来れば大きなチャンスを掴める可能性が転がっていますし、入ってくる芸能情報の数も増えるかもしれません。ただ、質の悪い情報も圧倒的な量で同時に入ってくることになります。それを分別できる知識や経験があればいいのですが、まだ若い皆さんには、実際無理な話だと思います。有益なオーディションなどほとんど行われていない現在、若くして東京に出てくるメリットはどこにあるのでしょうか？　地元にいた時よりも混乱することは目に見えています。

ただ、それでも「東京にとりあえず出てくる」若者はあとを絶ちません。おそらく東京という場所自体が新鮮で楽しいのでしょう。3〜4年は本来の目的である俳優の仕事をしていなくても、バイト先に困ることもなく、贅沢さえしなければ十分一人暮らしもでき、日々の楽しさとノリだけでやり過ごせる人が多いのですが、その後が悲惨です。唯一の武器であった若さまで失われ、俳優としての技術で勝負するしかない20代中盤の頃になって、今まで無駄に過ごしてきたツケがまわってきます。気がつけば家賃の高い東京に住み続けるためのアルバイト生活から抜け出ることができなくなり、いつしか俳優を目指していたことさえも宙ぶらりんになってしまいます。使い古されたストーリーのようですが、何の考えも持たないで東京にとりあえず出てきた結果、こうなる人は5万といるのです。

そして、このように東京を目指す若い人の多くは「芸能事務所に所属する」ことが当面の目的になっています。私は普段から「どこの芸能事務所に行けば入れてくれるか」という相談を、演技を始めたばかりの俳優からよく受けます。しかしよく考えてみてください。この順番も、やはりどう考えてもおかしいのです。

芸能事務所の仕事は多岐にわたりますが、基本は俳優をマネジメントすることです。貴重な時間やお金をかけて一人の俳優をマネジメントするからには、俳優が将来的に売れる「何か」を持っていることが大前提です。何も持っていない人をゼロから鍛え上げる、つまり「育成」も、本当は芸能事務所の大事な仕事ではありますが、今、実際ここに力を入れることができる日本の会社はほとんどないと言っていいかもしれません。大手芸能事務所であれば育成してもらえるだけの余裕があると思っている人は多いでしょうが、現実は違います。

大手芸能事務所では、基本的に一番稼げるタレントに人も時間もお金も投入します。ビジネス効率からすると当然のことです。マネージャーたちは俳優の営業とスケジュール管理だけで精一杯で新人の育成をやっている余裕はほとんどないのです。こういった現状を知ると、何の武器も持っていない皆さんが「まず芸能事務所に所属する」という考え方がいかに一方的で意味がないか、わかるでしょう。皆さんが俳優活動を始めるうえで、まずやるべきことは東京に出てくることでも、芸能事務所を探すことでもありません。自分の武器となるべき俳優としてのスキルを磨くことなのです。そして自分を鍛え続けられる環境を見つけることなのです。

自分を鍛え続けられる場所。これはスポーツ選手に例えていうと「ホームグラウンド」です。これについて、詳しくはPART5で述べます。

芸能事務所は探すものではなく、出会うもの

最後に、それでも多い「どこの芸能事務所に行けばいいか」という俳優からの質問に、一応、答えておきましょう。芸能事務所を探すことを最優先にはしないでほしい、とお願いしたうえで、まずは、芸能事務所は探すものではなく、「出会うもの」だという認識に変えてください。そもそも芸能事務所に自分から所属する、という考え方には違和感があります。俳優活動の始まりは芸能事務所に入ることではないので、この認識を持たないと中身がないのに年中事務所探しばかりやっていて無駄な時間を過ごすばかりです。

さて、では肝心の出会い方ですが、何かの武器を身につけた俳優に対して芸能事務所からアプローチしてきてくれるのが理想の形です。例えばあなたの出演した映画や

演劇でお芝居を見てくれた芸能事務所が声をかけてくれるのはいい形ですね。映画24区トレーニングでは2016年より「俳優ドラフト」を始めました。これは演技訓練をコツコツと積んできた人を芸能事務所に出会わせる場です。技術力があがってきた俳優たちがどれだけマネジメントの現場に受け入れられるか楽しみにしています。

俳優人生のためになる、正しい芸能事務所の選び方

東京にいなくても、たとえば地方でも素晴らしい公演を行っている小劇団などで基礎の力をつけ、地元で精力的に活動している俳優なら、今度は芸能事務所のほうが放っておきません。そうなれば、自ら所属しようとするのではなく、求められる出会い方となり、活躍の幅を広げるために芸能事務所に所属することもプラスに働きます。

最後に、ここでは、その段階にきたと仮定して、良い（正しい）芸能事務所と、悪い（間違った）芸能事務所の選び方を挙げておきましょう。

良い芸能事務所

芸能事務所の善し悪しを見分けるのは一般人ではなかなか難しいと思います。世間

一般の就活生たちが持ち歩いている四季報や業界地図、大学のOB・OGなどからもらえる企業情報などが、この芸能の世界にもあれば便利なのですが、芸能事務所の情報は大手を除けば皆無です。ただ、「いい事務所」に共通して言えることがあります。それは役の大小に関わらず「いい映画に俳優を輩出していること」です。

また、良い芸能事務所とは、あなたのことを考えて動いてくれる事務所のことです。あなたという俳優の個性を見極めたうえで、舞台なら舞台、映画なら映画と的確な仕事にブッキングしてくれるのが良い事務所です。こうした事務所では高額なレッスン料を要求されることもありません。あなたという才能を認めているのだから、才能を磨いて世に送り出すのもまた投資の一環だからです。良い事務所は、所属俳優の育成に余念がありません。

そんな良い芸能事務所に出会いたければ、まずは映画をたくさん見てみてください。俳優に注目して映画を見ていれば、まだ世に知られていないけど力のある素晴らしい俳優が、意外にもたくさんいることに気づくはずです。その俳優がどこの事務所に所属しているかを調べてみればいいのです。おそらく、今まで聞いたこともない事務所だったり、新人俳優の募集など行っていないことも多いでしょう。でもそういう事務所の動きは普段から注目しておくべきだと思います。たまに募集することもあるでしょうし、募集していなくても意欲さえあればアプローチしてみることをお勧めします。

悪い（間違った）芸能事務所

逆に、間違った事務所の選び方とは、当然、俳優のことを考えていない事務所に所属することです。多くの新人俳優を苦しめているのが、芸能事務所のレッスン料です。年間で何十万円ものお金を所属タレントから支払わせているにも関わらず、それに見合うだけの演技訓練は行われていないのが実状です。こういう事務所の特徴としては、オーディションとは名ばかりで、誰でも所属することができます。所属タレントの数だけレッスン料を払ってもらえるのだから当然です。

よく、短時間の面接をしただけで「仮所属」と言われて有料のレッスンに通うことを条件づけられる俳優がいますが、私はこういう芸能事務所のやり方はあまり感心しません。なぜならレッスンに係る費用は、本来会社側の投資コストです。仮とはいえ、所属した俳優本人が経費を負担するのはおかしいでしょう。もちろん、芸能事務所それぞれの考え方がありますのでここでさらに深く言及するつもりはありませんが、少なくともいい出会いとは思えません。確率論になりますが、こういった芸能事務所は避けたほうが無難だと思います。

このような事務所は、オーディションも、とにかく数をこなさせようとする傾向があります。俳優それぞれの適性を、事務所が把握していない証拠です。そんな事務所に所属しても俳優として成功することはほとんどありません。

最後にお伝えしたいのは、プロデューサーも監督もオーディションでは、所属事務所の大・小など一切気にしていないということです。確かに大きな事務所に所属している俳優は、テレビや人気映画のエキストラ経験が自然と積みあがっていくでしょう。でもそのこと自体が審査に大きく影響することはありません。私がこれまでのオーディションで採用した俳優の中には事務所に所属していない人もたくさんいます。

結局、本人の実力がすべてなのです。最後は、経歴や肩書きに頼らない、飛び抜けた存在になるために、まずあなた自身が努力をして、演技訓練を続けて、オーディションを勝ち抜いてください。やがて、必ず、いい出会いが巡ってくることと思います。

Interview №4

芸能プロダクション・ホリプロに聞く

「こんな俳優と仕事をしたい」

津嶋敬介
Keisuke Tsushima

株式会社ホリプロ取締役 映像事業部 執行役員。1964年生まれ。奈良県出身。奈良学園高校、関西学院大学法学部卒。1987年4月、新卒採用でホリプロに入社。映像事業部に配属され、CM、ドラマ、バラエティ番組のAD・APを務める。1990年4月マネージメント第一事業部に異動。マネージャー、チーフマネージャーを務めた後、2003年4月部長就任。デビューから仕掛けたのは、戸田菜穂、鈴木砂羽、佐藤仁美、藤原竜也、優香、佐津川愛美、優希美青ほか。2013年6月映像事業部に異動。執行役員として、映画、ドラマ、バラエティ、ドキュメンタリー、CM、web等、あらゆる映像制作に携わる。

俳優のマネジメントの仕事とは?

仕事の選び方で気をつけているのは、まず、〈1〉理想の仕事は「内容がよくてギャラもいいもの」、〈2〉次に「ギャラはよくないけど内容がいいもの」、〈3〉最後に「内容はよくないけどギャラがいいもの」、この3つまではやれるスタンスでいよう、と俳優には話しています。俳優本人に「今回はその3つのパターンのうちのこれだよ」と説明することもあります。私は3番目の「内容はよくないけどギャラはいい」仕事は基本的に受けないようにしているのですが、俳優も生活があるので、例えば地方のイベントや、営業もやりたいと言ってきたりします。そういう場合のみ、ぶっちゃけて、お金の話もします（お金の話は、基本的には俳優本人とはしない。本人たちは仕事後、振り込まれてからギャラを知ることが多い）。また、2番目の「ギャラはよくないけど内容がいい仕事」の場合も「実は制作費がこれくらいしかなくて、ギャラが安いけどこの仕事はやっておいたほうがいい」と伝えることもあります。

この、「やっておいたほうがいい」というのは、基本的にマネージャーが監督、脚本、役柄、原作から判断して決めます。でも本人の希望と、かみあわない場合もあります。特に本人が、大人になってくると、「一度脚本を読ませてほしい」と言ってきます。ここはマネージャーと俳優のせめぎあいなのですが、一度、脚本を俳優に渡してしまうと必ず「今後も全部読ませてほしい」となるので、そうなるとマネージャーのいる意味がなくなってしまいます。もちろん、大スターや大巨匠になるとそうはいかず、企画書を見せる場合もありますが、脚本は、基本的には仕事が決まるまで見せません。たまにプロデューサーや監督に対して「脚本を読んでジャッジしたいと本人が言っています」と本人に丸投げしてしまうマネージャーがいますが、それはマネジメントを放棄しているに等しいと思います。マネージャーも、俳優並みに脚本を読む（仕事を判断する）ためにもきちんと勉強しておかないといけないということです。

若い俳優に対してのマネジメントとしては、まず、仕事前、必ずマネージャーが脚本の読み合わせをして、それに関してアドバイスをしています。このとき「演出」は、しないです（たとえば、脚本のト書きに「呆然と立ち尽くすA」と書いてあったときに「Aはおそらくショックだったんだろうね」というアドバイスまではしても、「Aはショックを受けているので目を見開いて天を仰いだほうがいいよ」という「演出」まではしないということ)。

基本的に、流れの確認などをする程度です。「読み合わせはするけど、監督がもし『それは違う』と言うならそれは違うし、『マネージャーがそう言っていました』というのは、違うからね」と本人にも事前に説明しておきます。また、仕事が終われば反省会も必ず行います。20代前半くらいまでの俳優には、こういったサポートをします。基本的には、未成年の子に関しては男女問わずあまり「褒めない」ですね。アドバイスして育てるほうが多いです。本人がへこむのを承知で悪いところをきちんと指摘します。

一方で、大人になると、基本的には、褒めてのせていく感じです。企画のバックボーンの話などはしますが、なるべく本人に任せています。弊社では、さまざまなジャンルのタレントをマネジメントしていますが、年齢とか性別によってつきあい方や指導方法の違いはなく、キャリアによって違うということですね。

また、よく聞かれる「恋愛について」ですが、事務所のスタンスとして、一概に禁止ということはありません。ただ相手は重要です。私がマネージャーやチーフをしていた頃も「恋愛は構わないけど、相手が有名無名にかかわらず、必ず誰とつきあっているか、つきあう前に紹介しなさい」と伝え、私も相手と会いました。そういったプライベートも含めて報告・連絡・相談を徹底するよう指導しています。

俳優の場合はアイドルと違って何歳になっ

ても役があるので年齢制限みたいなものはありません。また人によってスロースターターもいれば、ロケットスタートの子もいるので、一概には言えませんが、とりあえず新人の場合はデビューのときにまずは5年、と伝えます。「5年たってお互いもう1回、相談しよう、それまでは頑張ろう」と。だいたい10代中盤くらいで弊社に入る子が多いので、5年後は、20歳手前ですね。もしやめる場合でも、その年齢なら潰しもきくので。5年までは戦力外通告しません、だから焦らず頑張ろう、ということです。

ただ、事務所に所属すると、ひとまず安心というか、ゆっくりできる感覚をもたれるのが一番困ります。「スカウトキャラバン」のときに必ず話しています。「これはゴールじゃない、ここからスタートですよ」と。レッスンや衣裳が用意されたりすると、別にまだ売れてはいないのに「仕事をしている感覚」になってしまうので、わからなくはないのですが……。

オーディションの前後でしていること

この本では俳優にとって関心の高いオーディション対策について多くのページを割いていますが、まず映画のオーディションの場合は、オーディションに必ず監督がいるので、俳優には監督の過去の作品は事前に見て研究させています。オーディション時に「私の作品を見たことがありますか？」と聞いてくる監督はいますし、監督は、自分がこれまで何を描いてきた人間なのかを俳優には知っておいてほしいという願望が強いからです。だから「すみません、見たことありません」と返してテンションを一気に落とさせないようにしています。
テレビのオーディションの場合は、監督よりもテレビ局や制作会社側、つまりプロデューサーの意向が強いですよね。しかも同じ社内でもさまざまなプロデューサーがいますから、その方たちが個々にどんな作品を手掛けてきたかをリサーチして、きちんと把握させるようにしています。ただ、オーディションの場で勉強してきたことを敢えて自分から口に出すのはいやらしいし、「仕込んできたな」と思われて逆効果の場合もあるので、「聞かれて初めて答えられるくらいにしておきなさい」と指導しています。その点は映画もテレビも同じで、これから一緒にものづくりをしようとする人たちの作品を事前に見ておくことは最低限のマナーかもしれません。

CMのオーディションの場合は、クライアントがわかっていると、最低限の商品知識は教えますし、その商品の以前のCMがあれば見せます。また、美味しそうに食べるか、箸の持ち方はどうかなどのチェックはしています。

このように事前準備を指導しているわけですが、それでもオーディションに受かりやすい人とそうでない人に分かれるのは、気持ちの部分が大きいですね。最近の若い俳優はオーディションに対して「獲りにいく」という強い姿勢で臨む人が減っています。マネージャーから言われて、前準備は一応してくるのですが、普通に受けて、普通に帰る……そういう子は、ほぼ落ちます。一概には言えませんが「絶対にこの役が欲しい」と強く思っている子が最後まで残っていくケースが大半ですね。

オーディションが終わった後の俳優に対してですが、テレビ局のオーディションの場合はマネージャーも会場に入れる場合が多いので、気づいたことがあればその場で助言するようにしています。本人しか会場に入れない場合は、終わった後にまず話をしっかりと聞きます。「ダメでした」と落ち込んでいる子には傷口に塩を塗っても仕方ないので、そこからダメ出しをすることはありません。ただ私の場合はオーディションで落ちた作品が完成したとき、俳優と一緒に見に行くようにしています。おそらく誰もが嫌なことだし、悔しいだろうけども必ず見ます。そして「なんでこの子は受かって君は落ちたのか」について話し合います。そうするといろいろなことがわかってくるし、じゃあ今度はこうしようかと見えてくることがあります。

オーディションで新人を採用する弊社の「スカウトキャラバン」では、毎年3万人を超える人たちが応募します。その年によっていろいろなタイプの人を採用しますが、地方予選の段階から、二次や三次選考で脚本を読んでもらって、演じるキャラクターを本人に説明してもらう、脚本を使った審査を行います。そのとき、例えば優等生の役なら、「優等生じゃなく、悪い子でやってみてください」と急にお願いしてみたりします。全然できない子もいますが、すぐにできてしまう子は「おっ」と思います。こういう内面から湧いてくる瞬発力がある子は、表面的で便宜的な対応ができる子よりも、その後の選考過程に残りますね。

スカウトキャラバンの場合、以前どこかの

事務所に所属していてお芝居の経験がある人と、去年オーディションに落ちているけどまた受けにきている人は、合格する確率が低くなります。若くして経験の多い人、子役からやっている人はお芝居がそれなりに出来るのですが、ワンパターンと言いますか、どうも型にはまっていて柔軟性がないからです。そういう子は外します。瞬発力があり、フレッシュで、引き出しがあるということが大事なのです。

伸びていく俳優とは？

たくさんの若い俳優を見てきたなかで、伸びる子というのはセルフプロデュースができる子だと思っています。つまり自分にはこういう役が合うとか、こういう役は合わないといったことがわかっていて、その理由をちゃんと自分の言葉で説明ができるということです。それってマネージャーにとっては善し悪しあるのですが、それでもオーディションで残り、伸びていく子はそういうタイプなのです。「この方向なら自分は伸びていく」と、自覚できているのですね。マネージャーは、もちろん客観的に、俯瞰で見ているから、その子のことはよくわかってはいるんですが、でもやっぱり自分自身が自分のことを一番わかるじゃないですか。しかも、それをちゃんと人に伝えて「なるほどそうか」と思わせる力がある。実際、俳優本人が主張するその方向性というのは合っていることも多いです。もちろん、そこにたどり着くまでに俳優とマネージャーの間でせめぎあいがあるのですが、そこまで言うなら一度はトライさせてみようとそういう仕事をやらせてみると、確かに光り出す。例えば「私は舞台だけはやりたくない」という子は結構います。大勢の人の前で、やり直しがきかないから、勇気がないと。マネージャーもそう思っていて本人から遠ざけていたのに、本人がどうしてもやりたいと言い出したので、やらせてみたら、実際、本人は内向的な性格なのに、仕事になると周りがびっくりするほど破天荒な役を思い切りやってみたりして、意外とよかったということはよくあります（これは、ビジュアルについての場合は当てはまらないことが多い。たとえば雑誌に載る写真チェックのとき、本人が気に入るカットと、マネージャーや編集者がいいというカットはだいたい違うもの）。「自分の好きなことをやりたい、嫌なことはやりたくない」というのは、単なるわがままですが、「この役はツライけど向いている気がする」とか、「この役は自分とは違うタイプだけど絶対やってみたいし、うまくいく気がする」といった場合は、やらせてみることも必要ですね。

内面の向き・不向きはその人の親でもわからないし、マネジメントしているこちらもわからないので、うまくやっているように見えて、実はすごく無理していたなら、やがて壊れてしまう場合もあります。何かと行き詰まりやすいのは、負けず嫌いの子です。最終的には負けず嫌いの子のほうが売れていくんだけど、潰れてしまうことも多いです。事務所の中にも外にもライバルがたくさんいて、今まで「私はとてもかわいい」「私はすごい」と思ってきたのに、いざ表に出たときにそうでもないと思い知る。弊社は同年代が多いから、同期や1年先輩・後輩など、事務所ごとで一緒にオーディションに呼ばれたりして、一緒に落とされることも多いです。4、5回続けて落とされても、負けず嫌いの子はナニクソと頑張るんだけど、さすがに10連敗になってくると、行く気も起こらなくなり、行き詰まってしまう。だから、負けず嫌いであることは売れていく子の必須条件だけど、負けても翌日忘れているくらいのほうがいいんですよね。

これから俳優を志す人へ

今、日本の俳優に不足していると思うスキルが二つあります。一つは語学力、特に英語ですね。最近は勉強している俳優も増えてきてはいるけど、まだまだ少ない。人口もマーケットも縮小している日本の中だけで勝負していても、限界があります。いきなりハリウッドとかブロードウェイに出て行くのは無理だけど、アジア方面は狙えると思います。弊社でも、海外で英語を使う仕事があれば積極的に行かせるようにしています。

もう一つはデジタルスキルです。スマホやタブレット、PCを使いこなす俳優になってほしいし、SNS系も活用してほしいです。テレビや映画以外も、いろいろな媒体のことを勉強しないといけない。ターゲットとなるファンの子たちのほうが詳しい時代だから、ものづくりしている俳優本人も最低限は知っておくべきだと思います。

また、特に、子役の親御さんに伝えたいのは、義務教育まではきちんと学校に行かせたほうがいいということです。人間形成のためというのもありますけど、学校で行われることが、芝居に生きてくることが絶対にある。そういうことを経験していなくてうまくいくとはあまり思えないし、大人になったときにどうしても歪みがでてくるんですね。それから、親はあまり現場に行かないほうがいいですね。現場ではマネージャーがアドバイスするし、監督もプロデューサーもアドバイスをするのに、そのうえさらに親もアドバイスしてしまうと、子どもは何を信じていいかわからなくなってしまう。親の影響力はとても大きいので、心配かもしれないけど突き放してほしいなと思います。

最後に……、よく「夢はあきらめずに頑張れ」とか「諦めなければ願いは叶う」と言いますけど、この世界に限って言うと、それは当てはまりません。自分で、たとえば5年と期間を区切って、その間にもし芽が出なかったら、あきらめる、ということも大事です。一生懸命頑張った人が必ずしも売れるというわけではない。こんなに理不尽な世界はないんです。勉強は、頑張れば頑張るほど点数が上がるけど、この仕事だけは、一生懸命頑張っても売れないこともある。もちろん一生懸命頑張らないと売れないけど、それでも売れないことがある。運や才能、タイミングに大きく左右されることも多い。僕も、自分でやっていて情けなくなる。こんなに頑張っているのになんでもっと売ってあげられないのだろうと。だからどっかで見切るというのも大事です。エンタメの世界というのはどのポジションでも面白いので、俳優にこだわらなくても裏方として何かをプロデュースすることで人を感動させることはできますからね。

PART.
5
俳優として
長く生きていくために

最後に、PART5では、これまでの章を振り返りながら、今後俳優として生きるために、そして何より継続して仕事が入ってくる俳優になるために、必要な考え方や心構えを、私なりにまとめてみました。演技の道に迷ったとき、キャリアのつくり方に迷ったときなど壁にぶつかったときにこそ、ぜひ、思い出していただければと思います。

俳優の仕事は「センス」ではなく「技術」である

俳優はセンスでつとまる仕事ではない、とこれまでに書いてきましたが、しかし、俳優にはセンスが不要だ、というわけではありません。脚本を掴む技術を覚え、まともに読みこなせるようになるのにも数年程度かかるものですが、勘所のいい俳優は1年経たないくらいでも、習得してしまいます。この差が何かと問われれば、やはり、おそらくセンスというものなのでしょう。

センスとはスポーツ、音楽、もの書きなど、どの世界においても共通してプレイヤーに求められる大切な要素です。ただし、前提として、当然、各分野におけるプロとしての技術の認識と、それを習得するための訓練が求められます。俳優の世界でも同じことです。なのに、特に日本において、俳優とは「プロの演技技術を持つ人としての認識」が薄いせいか、訓練に時間を費やそうとする人があまりに少なく、「センス」という言葉だけで「上手下手」や「売れる・売れない」といったことが、いまだに話されていることに、私は違和感を持っています。

前著『俳優の演技訓練』でも、本書でも何度も書きましたが、俳優という仕事は技術職なのです。専門的な技能を習得するための訓練が必要な職業なのです。どうか、俳優という職業を軽く見ないでください。ピアニストや野球選手と同じ、圧倒的な高い技術が必要とされる世界で、想像を絶する訓練と努力が必要であることを、知ってください。好きなだけではやっていけない。

それがきちんとわかってくると、訓練中でも、仕事の現場でも芝居が上手くいかなかったり、何かに詰まってしまったりすると、その原因を「自分のセンスのなさ」にするということはなくなります。「センス」のせいにして、心が折れてしまうのは、時間の無駄です。実際、俳優が上手く芝居ができない理由は本人の技術力が低い、すなわち訓練不足であるケースがほとんどなのです。自らセンスに原因を求めだしたら、俳優を続けていくのは考え直したほうがいいかもしれません。それ以上伸びるわけがありません。

俳優は演技という磨き上げた「技術」でもってお客様からお金をいただく職業です。センスもあるに越したことはないですが、それは本人が努力をした結果、他人が評価することで、もともとセンスがある・ないと自分で決められるものではありません。俳優を志す人には、改めて訓練を要する職業であることを再認識してほしいと思います。

年間たった1割? 俳優が訓練にあてる時間を考える

では、実際にどのくらい演技訓練が必要なのか。ここまで、各章で具体的な「質」の話はさんざんしてきましたが、ここでは「量」の話をしてみます。本書を読んですぐに訓練を実践に移した人は、おそらく1年もすれば目に見える形で成果は出てくると思います。しかし、今後俳優という仕事を一生の仕事としてやっていくうえで必要となる基盤(声、身体、頭)を築くには、やはり最低3年という時間は必要かと考えています。この時間は訓練の「量」と大きく関係していて、短縮したければ量を増やせばいいのです。

皆さんは、自分が1年間にどれだけの時間を俳優としての活動に充てられているか、把握していますか？　この機会に考えて振り返ってみましょう。

1日24時間×365日（1年）＝8760時間

これは1年間であなたに与えられている総時間です。国籍・年齢・性別・家庭環境など関係なく、平等に与えられている条件です。1日中、一睡もしないでフル活動するわけにはいかないので、睡眠や食事の時間を控除すると、約半分の12時間、1年換算では4380時間が実質活動できる時間ということになりますね。

たとえば会社勤めのサラリーマンや自営業の人たちは（職種にもよりますが一般的に）毎日朝8時頃から夜8時頃まで、1日の活動に使える12時間を、ほぼ仕事で使いきっています。週休2日だとしても、年間2880時間、つまり活動可能時間の約6〜7割を専門分野の仕事に充当していることになります。世の中の多くの人は、これくらいの頻度で5年、10年、20年と経験を重ねて初めて、その道のプロと呼ばれる領域に入っていきます。

あなたが例えば1週間に3回、1日3時間の演技訓練を受けていると仮定すると、1年間での訓練量は3時間×12回（1ヶ月）×12ヶ月＝432時間になります。

この432時間を、あなたは多いと思いますか？　それとも少ないと思いますか？　1週間の内、約半分を、それも1日3時間も演技訓練に充てていると、普通の感覚では多いと感じることでしょう。実際に日本の俳優の中ではよくやっているほうだと思います。

しかし、先程計算した1年間で、活動可能な4380時間から考えると、たったの1割程度の時間です。あまりの少なさに驚きませんか？　これは、実は日本以外の俳優と比べると、全く話にならないレベルなのです。

もちろん、オーディションに行ったり、実際に作品に出演したり、映画や舞台を見たりする時間もあるでしょうから、それを考慮したとしても2割程度でしょうか。残りの8割は一体何に消えているのでしょう？　人前で堂々とプロの俳優をやっているとは言い辛いものがあります。

まわりくどい説明をしましたが、日本の俳優は他の技術職に比べて圧倒的に訓練に費やす時間が少ないのです。本書を読んで今後何をやるべきかわかった人は、あとは繰り返し鍛錬を積むことで、「量」をこなしてください。今、俳優の訓練として割り当てている時間が、全体の1割の人は2割、2割の人は3割と少しずつでいいので、増やしていきましょう。理想は5割です。

冒頭に俳優としての基盤を築くには最低3年必要と書きましたが、これは活動時間の3割を充てた想定なので、訓練時間を増やすことで更に短縮することは可能です。訓練量に関してはスポーツや音楽の世界でも同じで、伸びる人は陰で相当の量をこなす努力をしています。若い俳優志望者には限りある時間を有効に、そして必死になって芸を磨いてほしいと思います。SNSでつながったり発信するのも必要でしょうが、タレントがやるようなことは、売れてからでも遅くないはずです。ライバルに勝つために、あなたは何で勝負するのか？　これを見失ってはいけません。

真面目にコツコツやっていても、行き詰まったり、停滞することはあります。それを超えていくのも、圧倒的な訓練量です。必ず、ある日突然、飛躍する日がやってきます。それを信じて頑張ってほしいと思います。

声と身体と、何より「頭」を鍛えなくてはいけない

「頭が悪いから俳優になりました」。たまに、そんなことを人前で平気で言ってしまう俳優に会うのですが、その都度、私は「俳優は頭が良くないとできない仕事だよ」と言います。これは冗談ではなく本当の話です。ここで言う「頭が良い」とは、偏差

値の高い有名大学を卒業しているといったことではありません。俳優として、ものごとを自分で考えることができる頭を持っているか、普段から意識して頭を鍛えているか、ということです。頭が良いというのは、いい俳優の必須条件だと言っても過言ではないのです（長く俳優をやっていくうえではルックスなど二の次、三の次です）。

私は常々、若い俳優たちに「俳優が鍛えるべきは声と身体、そして何より頭の訓練が必要だ」と教えています。映画24区トレーニングに集まってくる俳優志望者の中には、地元の劇団や学校の演劇部に所属していたり、歌やダンスを習っていたりと、「声や身体」を使うことにおいては熱心にやってきた人も多いのですが、肝心の、「頭を鍛える」ことは忘れている、抜けている人が多くいます。その必要性を認識できている人は、ほとんどいないのです。

なぜ俳優が頭を鍛えないといけないのか。俳優が本番当日を迎えるまでの準備期間に唯一向き合えるものは、「脚本」と呼ばれる1冊の設計図だけです。そしてこの設計図には、台詞を除けばト書き、俳優への行動指示《アクション》（例えば「空を見あげる」など）が書かれているだけです。どんな気持ちで空を見上げるのかといった、登場人物の心情などは一切書かれていません。しかもたいていの場合、その心情を読み解くヒントは1冊の中のあらゆるシーンに散りばめられていますから、1冊まるごとの解読作業は簡単ではありません。さらに俳優には読解のスピードも求められます。

脚本を読み解くのも、現場に自分なりの演技プランや解釈を持ち込むのも、日頃から徹底して頭を鍛えておかないと、声や身体で表現する以前に、見せるべき演技の方向性すら掴めていないという事態に陥ってしまいます。現実は「脚本を掴めていない」認識すらなく、何となく見様見真似で、5年、10年とお芝居を続けてきた人も、多くいます。今からでも頭の訓練の重要さに気付いたのであればすぐに取り組んでほしいと思います。

今の日本には、若いときから時間をかけて頭の訓練に取り組んでいる俳優はほとんど存在しません。目の前のことに精一杯で、腰を据えた生活ができていない東京の若い俳優においては、さらに顕著です。だからこそ、これからを目指す俳優にとっては、しっかりと頭を鍛えていけば、他の先輩俳優たちからすら、一歩、二歩抜き出ることができるわけです。ここに時間を投資しない選択はないと思います。まずは1年間、本書の各章での訓練に取り組んでみてください。芝居の質が明らかに変わりますし、オーディションで目立つことは間違いないことを断言します。

信頼できるホームグラウンドを持つ

日本の俳優が他国と比べて、総体的に演技スキルが劣っている要因の一つに、俳優として鍛え続けられる環境がないという大きな問題があります。特に若い俳優志望者たちは芸能事務所に所属することに躍起になっていますが、PART4でお伝えした通り、芸能事務所は俳優を鍛えあげる場ではありません。たとえ所属できても、俳優自身のスキルは一向にあがっていかないことも多くあります。現に大手芸能事務所に所属する俳優のうち、第一線で活躍している一部の方を除けば、小さな役での出演機会は多いものの、要となる役を任せられるほどスキルの高い俳優は残念ながらほとんどいないのが現状です。素質のある俳優を集めているだけに、訓練できる環境や時間がないことで、彼ら・彼女らが現場から埋もれていくのは、日本の映画・演劇界において、大きな損失ではないかと思えるほどです。

訓練環境が日本にはないという現実を嘆いたところでどうにもならないのですが、それでも若い俳優志望者たちは事務所に所属しようが、フリーでやっていこうが、自分のスキルを磨く「鍛え続けられる場所」を早く見つけることも必要です。人間形成には生まれ育ったまちや家庭環境などが大きく影響するように、ものづくりや表現をする人間にとっても、芸を磨く場所やサポートしてくれる人間の存在はとても大事だからです。

これはプロのスポーツ選手を見ればよくわかると思います。彼らは自分が練習をする場所とコーチの選択に何より神経を使います。メジャーリーグで活躍する日本の野球選手がオフのときにわざわざ日本に戻ってきて、慣れ親しんだグラウンドでトレーニングをしたり、信頼できるコーチと食事をするのは、初心に戻れたり自分の調子を掴みやすいからなのです。

最近では、俳優に向けたカリキュラムを海外から輸入し、真剣に俳優教育に取り組み出した芸術系の大学も出てきました。しかし、若い俳優にとって、授業料負担は大きいのが現状です。また養成所を持っている芸能事務所もいくつかありますが、どれほど質の高い教育がなされているのかは疑問です。歌舞伎や能楽など、日本の伝統芸能と呼ばれる分野に生きる俳優たちは、芸を磨く稽古場と、毎日芸を見てくれる師匠がいますが、これまた閉じられた特殊な世界です。

ということで、日本には俳優が安心して訓練できる場所が本当に少ないのです。これでは俳優の質が低下し続けるばかりで、ひいては日本映画が世界から見放されてしまいます。自分で場所を見つけられる人はよいのですが、そうではない場合、今後の俳優にとっての環境に危機感があったため、私は、映画24区で、映画会社でありながら真剣に俳優を目指す若者たちを映画人たちで下支えできる小さな学校を作ったのです。生涯学習ゆえに卒業という概念は持っていませんし、事務所に所属している俳優も積極的に受け入れています。何か大きな役が決まったときの準備や、仕事で行き詰まったときなど、いつでも戻ってきて自分のリズムを取り戻したら、また現場に送り出せるような、「俳優にとってのホームグラウンド」であり続けたいと思っています。またそのような場所が、東京以外にも必要だと感じています。

自分のロールモデルとなるべき俳優を徹底的に研究しよう

俳優志望の人に「目標にしている俳優はいますか?」と聞くと、たいていテレビや映画で主役をはっている有名人の名前があがります。10人に聞くと、5人は同じ人を挙げます。では、その俳優のことをどれくらい知っているかを続けて聞くと、たいていそこで答えに詰まってしまいます。出演作品を2、3作あげられる程度でしょうか。これでは一般のファンと同じですね。皆さん、目標にしている割にはその人のことをほとんど知らないのが実情です。どんな環境で、何を見て育ってきた人なのか。普段はどんな映画や演劇を見ているのか。どんなことに怒り、笑い、涙するのか。俳優として目標としたいのであれば、本人の癖や息づかいまで徹底して知っておくべきでしょう。

そもそも目標とする俳優の選定ですが、自分がこれから狙っていきたいポジションで活躍している人に焦点をあててみて考えることも大切です。主役をはっている有名な俳優では理想が高すぎると言いたいわけではありませんが、当面の目標にするには、ややピントがずれている気がします。PART3の「5番手、6番手の「実力枠」の俳優の芝居を見る」でも書いたように、自分と同年代の俳優で、そのポジションを確実にものにしている人を探すのもよいかもしれません。

私がお勧めしているのは、現在の自分の実績や環境などを考慮したうえで、手が届きそうなポジションの役とそこで活躍している俳優を見つけて、あなたのロールモデルとすることです。ゼロから探し当てるのは大変かもしれませんが、普段からそういった意識で映画を見ていれば、必ず自分のモデルとなる俳優が見つかります。日本の俳優でなくても構いません。むしろアジア圏内の同年代の俳優こそチェックしておくべきだと私は思います。

ロールモデルとなる俳優が見つかったら、今度はその俳優が普段どんな映画を見て、どんな仕事を選び、どんな芝居をしているかを徹底して研究してみてください。出演している作品以外にも、自伝やエッセイを出している人もたくさんいますし、webや雑誌の記事もあるでしょう。ブログやSNSで自ら情報を配信している人もいます。

こうして、目標の俳優の人となりを知ることができれば、今度は自分の活動に取り入れてみてください。徹底的に真似してみるのです。とはいっても映像に映っている演技をそのまま真似しろと言っているわけではなく、ポリシーや生活習慣を完全にコピーしてみるのです。目標となるべき俳優が具体的に設定できていればいるほど、自分が今やるべきことが明確になり、表面だけに留まらない技術を吸収できるのではないかと思います。

出会いの場に飛び込み、俳優として信頼される関係を目指そう

「どうすれば撮影現場に行けますか？」「自分は映画や演劇関係者とつながりがないので……」と私のところに相談にくる俳優訓練生が多くいますが、映画や演劇関係者と出会うことは、さほど難しいことではありません。なぜなら映画館や映画祭に行けば、必ず誰かに会えるからです。特に、東京近郊では毎月のように大小さまざまな映

画祭や企画上映が行われています。話してみたい作品の関係者、監督やスタッフを見つけたら、何はともあれ直接アプローチすることをお勧めします。普段なら何を話していいかわからない人たちでも、舞台挨拶やトークショーの後であれば、「作品」という共通の話題がありますから、気になったことを質問したり、撮影の話を聞かせてもらったりするといいでしょう。自分の作品について聞かれて嬉しくない監督などいません。これは、相手が外国人でも構いません。片言であっても、映画の言葉さえ覚えておけば、コミュニケーションは成立します。俳優の勇気次第で、人脈はいくらでも広がっていくのです。たまに自分のプロフィールだけを渡してさっさと帰ってしまう人がいますが、一緒にものづくりができるタイプではないなと思ってしまいます。

また、映画館に足を運んだときは、支配人やスタッフと話をしてみるのもいいでしょう。シネコンでは難しいかもしれませんが、ミニシアターであれば観客とスタッフの距離も近いので十分に可能です。映画館の支配人や番組編成担当者は、日常的に映画監督や俳優、配給会社と相対しているわけですから、今後公開予定となる作品から企画・制作中の作品、舞台挨拶の予定、また優秀な新人監督や俳優にいたるまで、幅広い有力な情報を持っています。時間があれば劇場でアルバイトしてみたり、映画祭や演劇祭のボランティアスタッフに参加してみたりすると、さらに俳優にとっても有益な関係者とのつながりは広がっていくでしょう。最近は映画でも演劇でもSNSで情報発信している人が増えたので、直接会えない人でも、ここからアプローチすることも可能ですね。このように意欲と勇気さえあれば映画や演劇の世界で知り合いを広げ、自分の仕事につなげていくことはできるのです。

ただし、一つ大きな落とし穴があります。それはPART1でもお伝えしたように、あなたも俳優という、ものづくり側の人間であることを忘れてはいけないということです。つまり、当然あなたも他の誰かからつながりたいと強く思ってもらえるだけの何かを持ちあわせていないと「知り合い」以上には発展せず、信頼関係のある本当の意味での人脈にはなりません。俳優にとって他者と積極的につながりを求めていく開拓精神はとても大事なことですが、出会えたときに相手に興味を持ってもらえる中身が伴っているよう、同時に自分自身に磨きをかけることも怠らないようにしてほしいものです。

良質な作品を引き寄せる力を磨いておこう

俳優が売れるために、俳優を続けていくために、何が必要か。この本でも、各章で実践的なアドバイスを重ねてきましたが、最後に一つ、挙げるとすれば、私は「良質な作品と出会える力」だと思っています。「私は事務所に所属していない」、「事務所の担当のマネージャーに営業力がない」といった不満も、すでに仕事をしている俳優陣からは聞こえてきそうですが、そうではないのです。「いい俳優」というのは、良質な作品と巡り合える力を必ず持っています。この力については、何とも言葉で説明が難しいのですが、俳優と作品が互いに引き寄せられるということかもしれません。

では良質な作品を引き寄せることができる「いい俳優」の条件を考えてみます。

まず、「いい俳優」は、自分が何者かを、よく知っています。自分は何が好きで、何を嫌う人間か。そしてなぜそれが好きか、なぜそれが嫌いかを、自分の言葉で人に説明することができます。これはとても大事なことなのです。自分自身をよくわかっていないのに、他人のつくった作品の善し悪しを見極めることはできないし、良質な作品を見つけることもできません。

次に、「いい俳優」は、他人にとても関心を持っています。皆さん、良質だと思える作品に出会えたら、次はそれを手掛けた人間に興味を持ってみましょう。映画であればプロデューサーや監督が作品を通じてどのようなメッセージを、なぜ、今、発信しているのかを、自分の頭で考えて、探ってみるのです。また、PART3の「俳優の参考になる映画の見方・選び方」でもお伝えしましたが、監督は、今回の作品を撮る以前にどんな作品を手掛けてきた人なのか、どういう環境に育ち、どういう人生を送り、何を一番大事にしている人なのかも調べてみるとよいでしょう。

結局、良い作品も、悪い作品も、生み出すのは全て人間ですから、「ヒト」に関連する一連のつながりを見ていくことが大切なのです。作品の表面に触れているだけではぼやけて見えなかったことが、少しずつ浮き彫りになってくると思います。そうして見えてきたものに対して、今度はあなたが表現できる、もしくは表現してみたい世界観を発信したり、重ね合わせたりしていくうちに、あなたは誰かを介しながら良質なものづくりの舞台に引き寄せられていくのです。

説明がやや抽象的すぎるかもしれませんが、俳優と良質な作品が巡り合うとはそういうことだと思います。そして、この出会う力は、磨くことができます。

そのために、この本でお伝えした演技訓練を続けていくことと、そしてとにかく多くの表現に触れて、感性を磨いてください。映画だけでなく演劇、絵画、音楽、詩、落語、スポーツなど、何でも結構です。半径3メートルの世界から抜け出てください。自分の身の周りに起きていることだけでなく、もっと広い視野を持って、世界を見ていこうということです。

こういった考え方や行動を普段から心がけ、良質なものとのつながりを求め続けていれば、俳優として、必ずや素晴らしい作品と巡り合えるときがやってきます。一度でも実を結べば、今後は新しい作品やスタッフがあなたを求めてくるようになるはずです。どうか、良質な作品を引き寄せる、素晴らしい俳優になってください。

Interview

No.5

俳優に聞く

「こんな俳優になりたい」

鈴木亮平
Ryohei Suzuki

俳優。1983年兵庫県生まれ。東京外国語大学（英語専攻）卒業。テレビ、舞台、映画など幅広く活躍中。出演した主な映画作品に、『椿三十郎』（森田芳光監督、2007）、『カイジ 〜人生逆転ゲーム〜』（佐藤東弥監督、2009）、『わたし出すわ』（森田芳光監督、2009）、『シュアリー・サムデイ』（小栗旬監督、2010）、『ふたたび』（塩屋俊監督、2010）主演、『阪急電車〜片道15分の奇跡』（三宅喜重監督、2011）、『コドモ警察』（福田雄一監督、2013）、『HK/変態仮面』（福田雄一監督、2013）、『ガッチャマン』（佐藤東弥監督、2013）、『Seventh Code』（黒沢清監督、2014）、『ホット・ロード』（三木孝浩監督、2014）、『TOKYO TRIBE』（園子温監督、2014）、『風に立つライオン』（三池崇史監督、2015）、『予告犯』（中村義洋監督、2015）、『海街diary』（是枝裕和監督、2015）など。2018年の大河ドラマ「西郷どん」の主役に抜擢されている。

鈴木亮平さんと著者・三谷との出会いは10年程前。当時、三谷がいた映画会社のスクールに、鈴木亮平さんが生徒として来ていたときだ。同郷で小学校の先輩・後輩という関係もあり、二人はこれまで公私にわたり、映画論や俳優論を熱く交わしてきた仲である。

三谷：まず、最初に俳優になりたいと思うようになったきっかけを教えてください。

鈴木：そうですね。僕が俳優になりたいと思い出したのは映画をよく見ていた中学生の頃です。自分の普段の生活よりも、映画の中の世界のほうが面白そうだと思っていました。で、どうすればそっち側に行けるかって考えたときに「俳優になればいい」と考えたんです。

三谷：俳優になりたいと考えて、まずは何から始めたんですか？

鈴木：すぐにでも東京に行きたかったんですけど、なにせ演技の知識も経験もなかったですからね。裸一貫で行くのはあまりにも怖くて。で、将来は海外で活躍したいと思っていたこともあり英語も勉強できる大学に行くことにしたんです。そこで学生演劇を始めました。演劇一筋で毎日稽古を3年間くらい続けましたけど、このまま学生演劇をやっていてもプロにはなれないと思ったんです。早稲田の「ポツドール」[1]みたいなところだったら別かもしれないですけど、僕らみたいな小さい誰も見ないようなところで楽しくやっていてもしょうがないと思い始めて。そんなこと考えているうちに周りの友達があるときから就活に一斉に動き始めたので僕も焦ってきて。プロにならないとやばいと思って、自分で営業し出したんですよ。

三谷：営業って芸能事務所への売り込み、とかですか？

鈴木：そうです、売り込みです(笑)。自分でプロフィールをつくって、原付バイクを大学の先輩から借りてきて、芸能事務所を片っ端からまわりました。

三谷：それで手ごたえはあったんですか？

鈴木：全然ダメでした。芸能事務所ってよっぽど顔がよかったり、実績があったりしないと採用してくれないじゃないですか。学生演劇の男の子なんてなかなかとってくれないですよ。でも、それで諦めませんでした。次は制作会社をまわったんです。

三谷：今でも芸能事務所を根気よくまわる俳優はいるみたいだけど、制作会社をまわる人はいないんじゃないかな。それにしても制作会社なんて学生でよく知ってましたね。

鈴木：NHKでバイトしていたとき、50社くらい行きましたよ。はた迷惑だとは分かってましたけどそれでもプロフィールを受け取ってくれたところもありました。その後はキャスティング会社をまわったんです。

三谷：キャスティング会社まで？ いや、でもその努力は価値がありますね。成果はありましたか？

鈴木：二つ仲良くなった会社があって、そこの人に、「君は背が高いからモデルからやってみたら」と言われて、モデル事務所を紹介してもらったんです。で、しばらくモデルの仕事をやっていたら、たまたまホリプロとの業務提携の話がもちあがって、「誰か役者に向いているやついないか」と。僕はずっとそのモデル事務所の社長に「役者になりたい」と言い続けていたので紹介していただいて。それが俳優としてのスタートですかね。

三谷：自ら動いてチャンスを引き寄せた形ですね。その後、すぐにホリプロ所属になれたんですか？

鈴木：いやいや、すぐに所属になれるほど甘くないですよ。いわゆる、「預かり」[2]でスタートして、ずっとレッスンを受けていました。そのときに出会った講師の塩屋俊[3]さんが「おまえはいいよ、今度の映画の新作の主役に使いたい」と言ってくれたんです。結局、そのときは話が流れてしまったのですが、これを機にホリプロとも、「預かり」から正式所属の契約ができたんです。映画は5年程経ってから『ふたたび』という作品で主演に抜擢していただきました。

三谷：そのとき何歳だったんですか？

鈴木：23歳です。その頃から少しずつ仕事も決まるようになったんですが、それでも何かに焦ってて。そんなとき役者仲間から、「映画関係者が集まるバーがあるらしい」と聞いてすぐに行ってみると、本当に関係者がたくさんいました。そこに三谷さんたちが立ち上げた、シネカノンの主催するワークショップのチラシを見つけて「これだ！」と思ったんです。当時、あれだけ有名な映画監督たちがきちんとしたレッスンをやるというのがめずらしかったんですよね。僕はその第1期生になりました。

三谷：そうか、そのときに初めて会ったんでしたね。私と同じ兵庫県出身で実家が近所だし、卒業した小学校も一緒だったからよく覚えてました。当時はガツガツしてた印象です（笑）。

鈴木：してましたねえ（笑）

三谷：私は相変わらず今も若い俳優の育成を

やっているんだけど、ガツガツしてる俳優はこの10年くらいで、ものすごく減りましたよ。みんないい意味でも悪い意味でも行儀がいい。現場でもね。現場で仕事していて、そんな空気を感じることはありませんか？

鈴木： 僕もそれは現場で若い子たちに感じますよ。今って昔に比べて撮影にかけられる時間も、使えるお金も減っているじゃないですか。だから僕と同じ世代の役者に多い、芝居に妙に熱かったり、自分が売れることに貪欲な人間よりも、現場でポンと合格点の芝居を出せたり、周りのスタッフとの協調性があるタイプの役者のほうが今の時代には好まれるのだと思います。

三谷： 現場の俳優もスマートになってきているよ。でもそれっていいことなんですかね？

鈴木： うーん、良くも悪くも今の日本における僕たちの業界は成熟している大人の対応が求められている部分はあると思います。一方で海外に目を向けると、すごい熱量を持った俳優たちが力のある作品を作ったりしていますが、スマートな俳優だけだとそこまでできないだろうなと感じることはあります。一長一短だと思いますね。

三谷： これまで、23歳から約10年の間に映画やテレビドラマや舞台など一通りのことを経験されてきたと思うけど、もし、今、昔に戻れるのであれば何をしたいですか？

鈴木： 戻りたくないですねー（笑）。ただ、もっと周りのスタッフたちとコミュニケーションをちゃんととってくればよかったなとは思います。でも、若手の頃はどのスタッフも相手にしてくれないし、監督なんかまともに会うことすらできないですからね。やはり俳優としてある程度のポジションにいかないとこちらから提案などできる余地は少ないのだと思います。

三谷：結局、芝居でやって見せるしかないってことですね。

鈴木：そう。芝居がうまいか、力があるかが全てなんです。特に顔もない、雰囲気もない役者なら芝居で見せるしかない。プロの俳優になろうと思うなら、いろんな意味で言い訳ができないなと思っています。

三谷：ところで昔に比べて、芝居に取り組む姿勢というかアプローチの仕方は変わりましたか？

鈴木：変わりましたね。若い頃は、「自分がどういう芝居をしたいか」を真っ先に主張していました。当然、監督の考えている方向性と大きくずれていたら指摘をもらうのですが、僕は「わかりました」と言いつつ、わざと合わせなかったりしていたんです。「自分にしかできない演技を見せないと」っていう変なこだわりがあったんですよね。「こいつ扱いにくいから編集でなんとかしよう」と影で思われていたと思います（笑）。今は、監督が求めているものであれば自分としては「ダサイ」と思っていても確実に実現することを大切にしています。自分なりの何かを上乗せしていくことは最低限の仕事ができてからでいいかなと。監督はアーティストであるべきかもしれないですけど僕ら俳優は違いますからね。監督のコマのひとつだととらえて常に思い上がらないようにしています。

三谷：監督含め周りのスタッフから指摘してもらえなくなるほど怖いものはないですよね。俳優としての成長が止まっちゃうから。でもたくさんの監督のリクエストに柔軟に応えていくには、それはそれで相応の技術が必要ではないですか？

鈴木： そうなんです。監督が求めているものを頭ではわかっているんだけど、自分の技術が追いついてなくてもどかしく感じることはありますね。それでも一つひとつ真摯に向き合うしかないんですが。

三谷： 昔に比べて監督ともスムーズにコミュニケーションがとれるようになってきたんじゃないですか？

鈴木： そうですね。若い頃は監督というより「大人に負けたくない」みたいな気持ちでやっていた部分があったのですが、今は自分も年を重ねたせいか、普通《スムーズ》に話せるようになりました。そうなると信頼してもらえますよね。キレイごとに聞こえるかもしれないですけど、「僕はこの仕事をしたい、この役をやりたい、この作品に出たい、あなたたちと仕事がしたい」という気持ちをまずはしっかりと持つことが大事だと思います。そして現場では自分が作品でいかに目立つかではなく、作品を良くするために自分は何ができるかを常に考える。私は現場で自分がひいたほうがよければひくし、空気になっていたほうがよければ空気にもなります。でき上がりの作品を見た観客は、私に目がいかないかもしれませんが、現場の監督やスタッフはちゃんと見てくれています。次第にプロデューサー陣や関係者にもそういう話は広がっていく。そのことを20代の僕は知らなかったんです。

三谷： ものをつくる感覚がある俳優は強いですね。演技が上手いか下手かはもちろん大事だけど、映画も演劇もチームプレイですからね。

結局、最後はこの俳優と一緒にやりたいかどうかという話になりますね。若いときにもっと勉強しておけばよかったと思うことってありますか？

鈴木：身体を動かす日本舞踊は経験していたらよかったなと思います。ダンスは習ったりしましたけど、日本舞踊はやってないです。

三谷：日本舞踊は確かにいいですね。自然に見える柔らかい動きが、実はすべて計算されている。日本の芸能は歌舞伎にしろ、能楽にしろ、全て表現のパターン（型）を覚えるところから始まっていて、昔の俳優は相当訓練していただろうし、実際に高度な技術を持っていた。雰囲気やセンスに頼った芝居になりがちな若い俳優にはぜひ習得することをお勧めします。

鈴木：それから発声です。僕もある程度の素地はありますけど、息をきちんと自在に操れるというのはここにきて大事だなと改めて思います。以前はリアリズムの芝居がすべてだと考えていて「つくった声なんか絶対必要ない」と思っていたんですけど、やはり限界があって。人の印象や役の印象をつくるものに「声」は重要だと考えるようになりました。

三谷：リアルな芝居というのは、カメラや観客の前でただ自然に振る舞っていればいいということではないですよね。そこには声にしろ何にしろ訓練に裏付けられた俳優としての技術が必要です。

鈴木：本当に自分の声や身体を自由に使える意識を持つための訓練は大事だと思います。ナチュラルな芝居でも、激しいアクションでも、その意識をちゃんと持てるようになれば逆に意識を取り払うこともできる。

三谷：うちのスクールでは金世一《キム・セイル》という韓国出身の演技トレーナーが徹底してそのあたりの基礎を俳優たちに教えているんだけど、若い俳優はそこの重要性になかなか気付かない。どうしても場面演技の稽古だけをやりたがってしまう。その気持ちはわかるんだけど基礎ができていない人がいくら芝居の稽古を繰り返しても骨太な俳優にはならないと思うんですよ。

そこで、先ほどの質問と逆です。ここまでの経験の中で、やっていてよかったなと思うことはありますか？

鈴木：映画をとにかくたくさん見ていたということですね。特に学生のときはいろんなジャンルの名作と呼ばれているものを1日1本以上見ていました。数をこなしてきたせいか、自然と自分の中に俳優としての哲学みたいなものが生まれてきたような気がします。

三谷：「量より質だ」と言う人はいるけれど、若い頃はやっぱり量だと思いますね。私は俳優には徹底して脚本に触れるように指導しています。とにかく年間30冊は読みなさいと。映画を見るのも芝居をするのもある一定の量をこなさないと、本当に大事なことを自分自身で掴むことはできないからです。

それで、映画を見るときに俳優として意識していることって、ありますか？

鈴木：なるべく登場人物に感情移入して見るようにしています。子どもを亡くしたお母さんであれば、そのお母さんの気持ちになったつもりでいかに号泣できるか。カット割りがどうこうという技術的な難しい話ではなく、情緒の部分です。役に入り込めたほうが映画自体も楽しく見られると思います。

三谷：一般の観客と同じ目線で見ることは大事ですよね。私は職業柄、映画を素直に楽しめなくなっている自分がときどき嫌になることがありますからね（笑）。

ここからは、オーディションの話も伺います。オーディション対策はいろいろ工夫してやってこられたと思うんですけど、そのあたりの企業秘密を教えてください。

鈴木：オーディションの受かり方は、本当に人それぞれですね。いろいろなアプローチがあるけどまず自分に合った方法を見つけることが一番だと思います。ただ、それを見つけるのはとても難しい。僕の場合は台詞を覚えるときに、一つの感情の流れじゃなくて、いろいろなパターンをできるようにしておきます。

三谷：なるほど。ホリプロの津嶋さんのインタビューにもあったけれど（P.208）、オーディションって、指摘されたときの対応力があるかどうかって重要なポイントですからね。

鈴木：それから願掛けみたいなものですけど、オーディションの2、3時間前には必ずカラオケに行きます。何曲か一人で歌って、身体と喉をあっためておくんです。オーディションは舞台の印象で見られることが多いので、大げさにしないまでも声がしっかりと審査員に届くほうがいいんですよ。たとえささやく台詞であっても、です。歌った後はテンションがあがっちゃっているので、冷静になるために一度30分くらい寝るんです。起きてからはまた歌ったり、だらだらしてから、オーディション会場にすーっと入っていく。すると、声も通るし、心も冷静で、フラットな状態でいられるんです。

三谷：芸能事務所への営業もそうだけど、影でやたら細かい努力をしていますよね（笑）。NHK（「花子とアン」）のときも、カラオケやっていったんですか？

鈴木：そうですね、全部で3回あったので、カラオケも3回行きました（笑）。いろいろやってきて思うことですが、自分を上手く見せよう、こういうキャラに見せようとか考え出すとダメですね。普段の自分でいいから、「責任をもってこの役を受ける」という姿勢のほうが大事かな。

三谷：そういえば経験の浅い俳優から、現場での立ちふるまいについてよく聞かれるんですが、俳優は現場でどんなふうにしていたらよいのですか？

鈴木：何よりも「謙虚な姿勢で居る」ことですかね。俳優部はどうしても衣裳を着せて頂いたり、メイクをしてもらったりするので、ついつい現場で一番大事にしてもらっていると勘違いしてしまう。他のどの部署も時間がない中で一生懸命やっているのだから、完璧なコンディションで芝居ができなくても俳優は文句を言ったりせずに謙虚に待つこと。そして芝居になったらきちんと結果を残すということが大事だと思います。

三谷：俳優に限らずですが、謙虚さはやっぱり大切なんですね。

鈴木：あともう一つ、「他の人をよく見る」ということですかね。自分が出ていないときでも先輩や気になる俳優さんの芝居は見るべきだと思います。また、どの部署のスタッフが、どういう役割分担で動いているかもよく見ておく。芝居が中断したときに、どこの部署の何を待っているのかを理解しているというのは意外と大事なんですよね。

三谷：なるほど。ちなみに、信頼している演技のメソッドなどはありますか？

鈴木：どうやったら本当にその人間の気持ちになれるか、という方法論が広義的に「メソッド」と言われているものだと思いますが、確立された「メソッド演技」[5]というものは存在しないんですよ。よく「○○メソッドを習った」と言う人がいますけど、マイズナーだったら、マイズナーさん本人が教えていたのがマイズナーメソッドであって、弟子がやったら弟子のメソッドになると思うんです。このあいだ、NYに行ってアクターズ・スタジオと、ステラ・アドラーのスタジオを見学してきたんですが、どちらも一つのメソッドだけを教えているわけじゃないんですよね。ステラ・アドラーのスタジオなのにアクターズ・スタジオ出身の先生が教えていたり、アドラーの理論は知らないけどストラスバーグを教えられる先生がいたりとか。外部からいろんなタイプの講師を呼んできている。メソッドってそうやっていろんな人から教わったものを組み合わせて、自分で作り上げていくものだと思います。メソッドそのものより、信頼できる先生に出会えるかどうかということのほうが大事かもしれません。僕は塩屋俊さんに出会えたことがすごく大きいですね。

三谷：演技コーチの存在ですね。日本ではまだまだこの職業はきちんと確立されていないんですよね。

鈴木：映画やテレビの現場で監督は、「もう少し優しい人間で」などと指示しますけど、どのように自分の心のスイッチを切り替えれば「やさしい人間が演じられるか」ということまでは導いてくれません。

三谷：監督はあくまで作品をつくる演出家だからね。俳優のコーチではないわけだ。映画監督が俳優を教えている国は、おそらく日本だけだと思いますよ。

鈴木：日本は漫画原作のドラマや映画が多いので、荒唐無稽なキャラクターを演じなければいけない機会もあるわけです。難しいんですよね。見た目だけ真似しても必ず上滑りしてしまいます。漫画とはいえ、いかに人間の感情をかたちづくるか。そういった難しい役へのアプローチの際も、メソッドや演技コーチは助けてくれます。

三谷：うちのスクールでは、今年から映画監督と演技トレーナーを組み合わせて俳優を指導するようにしたんです。10年近くやってきてようやくその形に辿り着いたという感じかな。

では、最後に、今後俳優として歩んでいきたい道について教えてください。

鈴木：まずは日本を代表する役者の一人になりたいです。基本的には日本をベースにやりたいですけど、いろんな国の人たちといろんな作品に出て、日本人俳優の存在感をアピールしていきたいんです。渡辺謙さんをはじめ先輩方がやってきたことを受け継いで進めていき、いずれ、次の世代にバトンタッチするということをしたいです。

三谷：長期的な視野で考えているんですね。今の若い役者志望の子たちは1年先、半年先といったように短期間で結果を求めている子がとても多いんです。とにかく短い。だから挫折するのも早い。そもそも俳優って高度な技術が必要な職種だから、ある程度のレベルにいくまではどうやったって時間がかかるもんなんだと思っています。結局、そこまで自分が辛抱強く訓練に徹することができるかどうかなんだけど、でもそれってこの仕事が好きでいられないと正直辛いかもしれないですね。

鈴木：そうですね。この世界に入ってくる動機は、「有名になりたい」とか「目立ちたい」とか「お金が欲しい」とか何でもいいと思います。それから、のほうが大切。俳優って常に世の中から否定される仕事ですからね。事務所の面接を受けても「俳優には向いていないよ」と言われ、作品のオーディションを受けても蹴落とされ、仕事をいただけるようになったら今度はお客さんや世間から批判されることもある。否定の対象はいつでも「自分」だから辛く感じるときもあります。でもその度に落ち込むんじゃなくて「ナニクソ」と、「どんなに否定されても自分は諦めないぞ」と強い意志を持って努力を続けられる人だけがこの世界に残っていくんだと思います。と同時に「本当に自分は芝居が好きなのか」ということを特に若い人は問い続けてください。第一線で活躍する人たちの共通点は、何より芝居が好きということです。そこに尽きますね。

1――1996年、早稲田大学演劇倶楽部10期生の三浦大輔氏を中心に結成された劇団。ドキュメンタリーの手法をとりいれた作品などで注目される。
2――「預かり」とは、芸能事務所に正式所属となる前の段階、訓練生のこと。
3――塩屋俊（しおや・とし）さんとは、俳優・映画監督。演技学校アクターズクリニックを設立し俳優育成に貢献しながら、自身も監督・プロデューサーとして、近年では映画『ふたたび』（2010）、『種まく旅人～みのりの茶～』（2012）を手掛けた。2013年死去された。
4――『俳優の演技訓練』で、ワークショップの内容や韓国での俳優教育事情について三谷一夫と金世一の対談が掲載されている。
5――「メソッド演技」とは、俳優・演出家・演技教師のコンスタンチン・スタニスラフスキーによってつくられ、アメリカで確立された演技法、演劇理論。スタニスラフスキー・システム。

おわりに

『俳優の教科書』、いかがでしたでしょうか？

私が現在、映画24区トレーニングで俳優に教えているのも、今回この本を書いたのも、日本の映画や演劇を世界で戦える水準にまで引き上げたいという思いからです。本書でも繰り返し書いてきましたが、どれだけ優秀な演出家や脚本家がいても、どれだけたくさんのお金が集まっても、作品を最終的にスクリーンや舞台の前の観客に届けられるのは、俳優以外にありません。「作品の力強さ」とは「俳優の力強さ」なのです。だから私は俳優を鍛え続けるし、何より吸収力のある若い人たちは底知れず伸びていくと確信しています。

本書の中で俳優たちの思考が停止していることを指摘しましたが、これは正しい知識と演技訓練の方法を教わってこなかったからで、一つ一つ積み重ねていけば第一線で活躍している俳優たちに追いつくのはそう遠くはないはずです。

今回を機に止まった思考をぜひ、稼働させてほしい。年齢、境遇、時代、国籍を飛び越え、たくさんの人の人生を生きる俳優という仕事は、多くの観客の人生も豊かにします。これほど価値のある仕事をやってみたいと思えたのだから、戦い方を知らないだけで、夢を諦めることはしてほしくないのです。一人でも多くの俳優が演技訓練に真剣に取り組み、活躍されることを願っています。

最後に本書を執筆するにあたり、ご協力いただきました撮影技師の鈴木周一郎氏、録音技師の石寺健一氏、映画監督の中野量太氏、ホリプロの津嶋敬介氏、俳優の鈴木亮平氏に心からの感謝をお伝えしたいと思います。

そして執筆をサポートしてくれた石塚就一氏、映画24区社員、また、多くの励ましとアドバイスを頂いたフィルムアート社編集部の二橋彩乃氏には、深く御礼申し上げます。

2017年1月　株式会社映画24区代表　三谷一夫

三谷一夫

1975年兵庫県生まれ。映画24区代表。関西学院大学を卒業後、東京三菱銀行にて10年間、エンタテインメント系企業の支援などを担当する。2008年「パッチギ！」「フラガール」を生んだ映画会社の再建に参加。2009年に「映画人の育成」「映画を活用した地域プロデュース」を掲げて映画24区を設立。最近のプロデュース参加作品に『21世紀の女の子』や全国の自治体とタッグを組んだ『ぼくらのレシピ図鑑シリーズ』など。現在、最新作「夏、至るころ（池田エライザ監督）」が配信中。

著者公式twitter @mitani_kazuo

映画24区

“映画”をキーワードにした総合プロデュース企業。主な事業は①映画の企画・制作②俳優の育成・マネジメント③映画を活用した地域プロデュース。同社が運営する俳優学校「映画24区トレーニング」では、「ものづくり思考」「脚本読解力」「映画教養」を学びの三大要素として、「映画俳優スタートアップONLINE」を基盤に、全国でワークショップや講座を展開中。東京だけでなく、全国各地から映画に強い俳優を発掘・育成し、業界に輩出している。

映画24区トレーニング　https://eiga24ku-training.jp/
映画24区トレーニング公式twitter　@24ku_training

俳優の教科書

撮影現場に行く前に鍛えておきたいこと

2017年1月25日　初版
2024年1月20日　第7刷

著者　三谷一夫
執筆協力　石塚就一
編集　二橋彩乃
ブックデザイン　齋藤知恵子（sacco）

発行者　上原哲郎
発行所　株式会社フィルムアート社
〒150-0022
東京都渋谷区恵比寿南1-20-6
第21荒井ビル
TEL 03-5725-2001
FAX 03-5725-2626
http://www.filmart.co.jp/

印刷・製本　シナノ印刷株式会社
ISBN978-4-8459-1454-8 C0074